团队执行力36法则

倪云华◎著

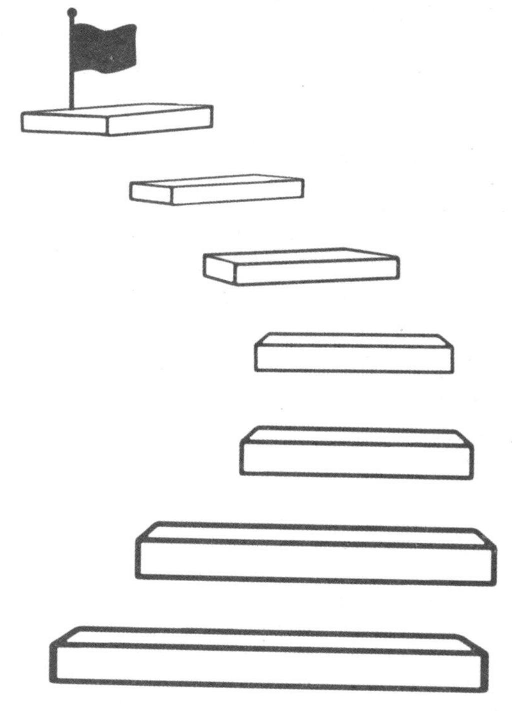

中国纺织出版社有限公司

国家一级出版社
全国百佳图书出版单位

内容提要

团队是决定企业生死和企业能走多远的要素。而执行则是一个团队成败的关键，没有执行，一切为零。如何打造一支拥有高效执行力的团队是每个企业应该花时间思考的问题。本书集作者20年企业管理咨询和培训经验，针对企业团队执行力方面的问题给出了可行性方案，以期读者在团队管理的过程中，能借鉴最有效的经验，少走弯路。

图书在版编目（CIP）数据

团队执行力36法则 / 倪云华著. --北京：中国纺织出版社有限公司，2020.5

ISBN 978-7-5180-7064-0

Ⅰ. ①团…　Ⅱ. ①倪…　Ⅲ. ①企业管理—组织管理学　Ⅳ. ①F272.9

中国版本图书馆CIP数据核字（2019）第276622号

策划编辑：刘　丹　　特约编辑：王劲松
责任校对：楼旭红　　责任印制：储志伟

中国纺织出版社有限公司出版发行
地址：北京市朝阳区百子湾东里A407号楼　邮政编码：100124
销售电话：010—67004422　传真：010—87155801
http：//www.c-textilep.com
中国纺织出版社天猫旗舰店
官方微博 http://weibo.com/2119887771
北京华联印刷有限公司印刷　各地新华书店经销
2020年5月第1版第1次印刷
开本：880×1230　1/32　印张：7
字数：133千字　定价：49.80元

序

我在过去 20 年间为企业提供管理咨询或者培训的时候，听到最多的一个问题就是团队的执行力不高，达不成团队的目标。很多团队的负责人或者公司的创始人都有着对于企业或者团队的展望和想法，而这样的展望要依靠团队的努力才能达成，因此执行力就成为其中的关键。优秀的企业就像打胜仗的军队，一定拥有超强的执行力；而那些失败的企业，多多少少都会有执行力方面的问题。

因此，持续提升团队的执行力就成为一个很迫切的议题。然而，提升群体的行为和提升个体的行为有很大不同。许多管理者在实践中摸索，或者借助外力来实现。但因为这不是一个立竿见影的工作，所以很多时候我们很难判断所采取的方法是否正确和有效。但等待较长时间后，如果效果欠佳，就会贻误战机，对企业的发展带来不利的影响。

如何找到提升执行力的快速而有效的方法呢？这也是本书想探讨

的问题。本书介绍的提高执行力的36个法则，它们不是理论，而是我观察到的众多优秀团队的实践的总结，其中既有超级大公司如谷歌、阿里、华为，也有众多成长型的公司。这里面既有带来高执行力的成功原则，也有导致失败的一个个陷阱。

在内容的组织上，我希望给到大家的是一张提升团队执行力的完整的全局图，而不是一个个散落的知识点。因为作为一名优秀的领导者，具备全局性和逻辑性的思维能力是解决问题的重要基础。基于这个原则，本书是这样编排的：

第一章是从宏观的层面关注执行力的基础，也就是统一的目标。我们观察到很多团队，之所以未能达成预期的目标，是团队成员在目标的理解上存在巨大的差异。创始人和团队核心，负责人和团队成员，理解各异。这是个看似简单，其实却要通过一系列正确的方法才能实现的问题。正如我前面所述，个体对于目标的认知是简单的，但让一群人对于目标的认知完全一致、同步，就不那么容易了。这个章节的5个原则就是为了帮你实现这个目的。

第二章的内容是顺承第一章，当一个团队有了清晰的目标后，需要通过最佳的组织方式，组织人、资源来实现目标。而组织结构的设置会决定执行的效率，有时候胜出的不是模式，而是组织的有效设置。更具挑战的是，随着时代的不断发展，组织的形式也在发生极大的变化。这是难上加难的地方。因为你需要掌握的不只是模仿最佳做法，而是学会思考为什么要这样做。

第三章涉及的内容是对于更下一层的小组和个体的管理方式，以最优的方法来提升团队的执行力。这里面涉及的原则包括如何更准确地识别团队成员的属性，以及用什么样的方法去做出组合和应对。这里的一些原则可能和管理学教程里的一些观点有出入，而这正是为了顺应时代和新时代的人而做出的优化和改变。

第四章的内容是关于如何驱动团队成员成为高执行力的个体。这里强调的一个重要原则，也是挑战我们常规思维和做法的是，我们过去认为，推动员工前进更多的是需要管理，而管理更多是来自外部的力量，是以管制和约束为核心。而我们今天需要做的是从内部出发，从内驱动员工的行为，也就是用更有效的激励方式，让员工自发地为所做的事情努力付出，这是最尊重人性的做法，也是确保企业自行运转的有效机制。

第五章，我们关注的是决定团队执行力的又一个重要因素，一个看不见、摸不着，但又极其重要的因素——文化。拥有高执行力表现的团队，一定是具备高执行力文化的团队。然而，文化不是一天就形成的，而是通过较长时间在团队中慢慢建立起来的。这章的原则解决的一个重要问题就是文化如何从虚到实，如何让文化真正渗透到团队成员的日常行为和思想中去。

第六章，我们关注的是一些提升团队执行力的重要管理技能，这些技能都是非常有效的方法。也许说技能还不是最准确，因为掌握这些原则不只是具备简单的术的方面的技巧，而是从观念和道德方面带来的变化。这些方法能培养高执行力团队的两个重要意识：责任感和自驱力。

第七章是关于高执行力团队领导者的一些优秀行为，这些行为既包括对自我的正确认知，也包括领导者的一些值得借鉴的好的做法。

最后一章，我们从最核心的角度去探究高执行力团队的领导者所具备的思维模型和底层逻辑。

以上这些内容的编排，我们尽可能做到具有实用性和实操性，希望这不是一本关于团队执行力的理论书籍，而是一本执行手册。其中的 36 个原则，每一个都是一个武林秘籍，可以帮你解决问题。

在使用这些原则的时候，如果你的时间有限，可以从中随意抽取一个原则加以实践。当然，正如我前面所讲的，具备全局化的意识和做法是更有效的，如果你能综合运用这些方法，那你的团队的执行力基础一定更牢固，团队一定能走得更远。

本书送给每一位职场人，或者你有一个团队、有一家公司，或者你正走在成为团队负责人的路上，希望会对你有所帮助，帮你成就事业或职业的梦想。

本书也送给我的家人和我的孩子，他们是我的动力源泉。

在写作过程中本书得到了张玉芳、高旭发、宋路遥等同事的支持，在此一并感谢。

倪云华

2019 年 8 月

目录

第三章

知人善任，把合适的人放到合适的位置，为高执行力打基础

第四章

激励是高执行力团队最有效的管理方式

第五章

没有高执行力文化，再敲鞭子，执行力也上不去

第六章

关注员工成长，搭建执行力成长阶梯

第七章

身为领导，你是团队执行力的镜子和天花板

第八章
提升团队执行力的效率

第一章

高执行力来自对战略目标的统一认知

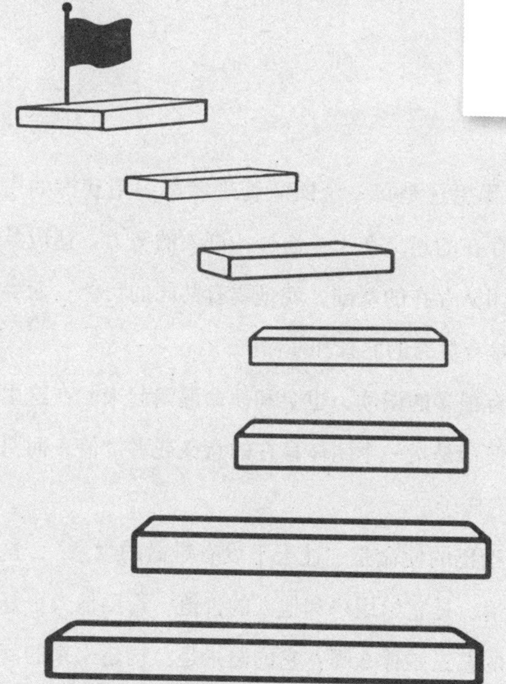

法则 1　共享愿景

——构建共享的愿景，是团队执行力的基础

说到团队执行力，我想这是每一个团队管理者都渴望获得的东西。作为一个团队，它存在的意义在于：通过一群人的努力，达成共同的目标。因此，一个团队存在的基础，就是要有共同的目标；而一个优秀的团队，也一定是有优秀的愿景和使命的。

提到愿景，经常会有很多的误读，也会和使命混淆起来。在这里我们来澄清一下，所谓使命是指一个团体存在的意义或者价值，而愿景则是你希望未来成为的样子。

比如，我们说阿里巴巴的使命是"让天下没有难做的生意"，这就是这家公司要做的事情，是它给用户和他人的价值，帮助他人更好地做生意。那阿里巴巴的愿景是什么呢？它的愿景是：构建未来的商务生态系统，让客户相会、工作和生活在阿里巴巴，并持续发展最少102年。可以看出，这是对未来的展望，是希望未来成为的样子。

正是这些清晰而激动人心的愿景存在，才能激发一个团队不断朝着共同的目标迈进，成为全球领先的优秀公司。你可以看一下，凡是优秀的企业，一定有着清晰而伟大的愿景。

但在现实的团队管理中，我们发现很多团队并未认识到愿景对于一个团队的价值。对于管理者来说，愿景在管理团队中到底产生什么样的作用呢？说得更远一点，愿景是人类存在的基础，如果没有描绘愿景这个本领，也许就没有今天人类的存在。这好像说得有点悬，但却是有出处的。以色列作家尤瓦尔·赫拉利在《人类简史》中描述人类祖先智人的发展历程时曾写道，从7万年前到1.3万年前，智人从东非扩张到阿拉伯半岛，并席卷大陆，最终成为这个地球的统治者和唯一的人种。其间最大的变化来自于认知的革命，这个时期智人开始拥有自己的语言，并进行沟通。他们不仅可以表达具体的信息，还掌握了传递虚拟信息的能力，也就是讲故事的能力。比如他们会说：狮子是我们部落的守护神，那个森林里住着仙女。正是这样一些对未来事物的憧憬，让智人们能够团结起来，通过大规模的集体行动去战胜那些体型远超过他们的同类和大型动物，从而得以生存，最终统治地球。

无论是现代的国家，中世纪的宗教，还是更古老的部落，任何大规模式人类合作的根基都是对未来事物集体想象和努力的结果，这就是愿景的力量。

著名领导力大师沃沦·本尼斯把愿景当作管理者最重要的一项能

力，他认为，优秀的管理者只有以远见和前瞻性去洞察未来，并激励和引领群体去实现这个愿景和梦想，才能真正获得事业的推进。

想要打造一支高执行力的团队，管理者必须具备以下能力：知道自己去往何处，并使他人信服且与自己同行，而去往何处，就是在描绘愿景。在历史上，但凡伟大的管理者，都是出色的愿景描绘者，他们善于以愿景来感召人。1863 年美国南北战争期间，林肯在葛底斯堡提出民有、民治、民享，这是愿景。1963，马丁·路德·金在演讲中高呼“我有一个梦想”，这是愿景。时至今日，埃隆·马斯克的火星计划也是愿景。他们都在召唤民众的热情和参与。

而与之相反的，凡是发展一般的公司，你在茶水间随便问一下公司的员工，你们公司的愿景是什么，可能有 50% 都回答不上来，或者表达不准确。这样的差异也是导致团队执行力差异的原因。

当一群人都不知道去往何方的时候，你怎么能期望他们走得很远？正如那句话所说，梦想还是要有的，万一实现了呢。如果你有个清晰、激动人心的愿景，那将是每天早晨你的团队成员跳下床冲向公司的原因。

那么一支高执行力的团队应该具备什么样的愿景呢？一般来说，一个好的愿景需要具备以下三个特征：

（1）愿景既要通过管理者而产生，也要融合团队成员的主张。卓越管理者必备的一项能力就是“洞察力”，能够洞察到行业未来的发展和变化，并能够将之具象为组织的愿景。但同时这个愿景也要是团队成员愿意接受的、相信的和参与的。

（2）愿景具有清晰的画面感，能起到振奋人心的作用。比如福特的愿景是“让每个家庭门前都停着一辆福特牌轿车”，苹果的愿景是“让每个人拥有一台计算机”。

（3）愿景关乎未来又不能遥不可及。愿景通常是直接或间接表达未来将要发生的事情。当电脑还是计算机房里面的庞然大物时，比尔·盖茨看到了十年后，电脑将摆在办公桌上，并且每一台电脑都运行着微软的操作系统，这在当时是绝对不可想象的，但比尔·盖茨向微软的员工展现了这个愿景。十年后，比尔·盖茨终于实现了他的愿景。

有了好的愿景，管理者还要做的一件事情，就是要像传道士一样，把这个愿景灌输到团队成员心中，让他们慢慢相信。当然，仅仅口头的愿景还缺乏价值，要将愿景分解成团队的具体目标和里程碑。如果没有里程碑的愿景，领导者就会被认为是在画大饼，不切实际。如果有里程碑，而且通过大家的努力离目标越来越近，人们就会越来越相信这个愿景。这就是有执行可能的愿景。

愿景既帮助人们明确方向，同时又是判断人们行为是否正确的依据。今天，如果想要提升团队的执行力，管理者就要创造一个大家都有归属感的环境，通过描绘出清楚的愿景，让团队受到鼓舞和激励。每一位管理者都要将更高一级的企业愿景转化为极具活力、影响力和鼓动力的团队愿景。每一位员工也要将自己的特长、未来梦想与团队的愿景紧密结合在一起。可以说，真正将所有人联系在一起的，不是工作任务，而是组织崇高的愿景，这是高执行力的基础。

本节思考

1. 你的公司或团队有愿景吗？这个愿景能够清晰地表述出来吗？

2. 如果你是一个团队的负责人，问问你的团队成员，他们清楚团队的中长期发展方向和目标吗？

法则2 战略落地

——从战略构想到组织系统落地

上一节我们提到了愿景是一个团队存在的基础，那在构建了具有感召力的愿景之后，我们如何设计可落地的战略来指导团队向目标高效迈进呢？这一节要介绍的就是一个战略落地的方法，这个方法叫作“业务领先模型”，英文是“Business Leadership Model”，简称“BLM”。这个方法是IBM在总结自身多年经营管理经验的基础上形成的一整套战略制定及执行的模式和方法论。而今天，这个方法也是指导华为战略执行的底层逻辑（华为当年花了三千万美元引入该方法）。

接下来，我们来看一下这个模型该如何运用。该模型分为三部分，最上面是领导力，公司的发展和高执行力归根结底在内部是由企业的领导力来驱动的。下面的两部分被称为战略和执行，一个好的战略自然会包含两部分（图 1–1）：

（1）要有好的战略设计。

（2）要有非常强的执行。

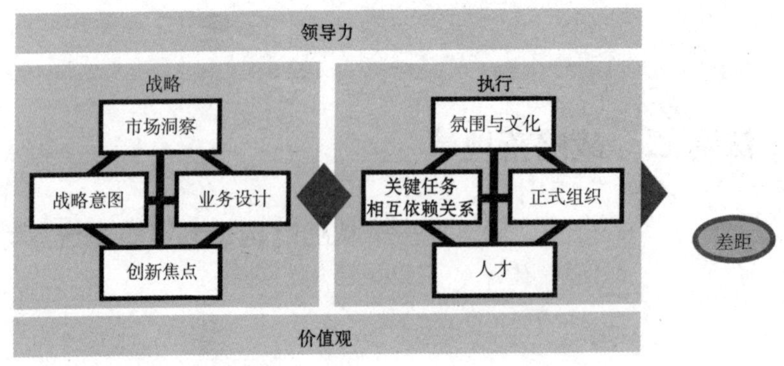

图1–1

没有好的执行，再好的战略也会落空，但执行不是空谈，是需要具体战略内容来进行指导的。

BLM 认为企业战略的制定和执行部分总共包括八个相互影响、相互作用的方面，分别是战略意图、市场洞察、创新焦点、业务设计、关键任务、氛围与文化、人才和正式组织等。

第一，战略意图是战略思考的起点。按照业界广泛采用的 SMART 原则，设立一组相应的具体战略目标。好的战略规划起始于好的战略意图的陈述和战略目标的表达，这是战略规划的第一步。

第二，市场洞察力决定了战略思考的深度。其目的是为了清晰地知道未来的机遇和企业可能碰到的挑战与风险，理解和解释市场上正在发生着什么，以及对公司未来的影响。IBM 在 20 世纪 90 年代的战略转型能够得以开展，正是围绕郭士纳对两个市场机会的深刻洞察，即服务业务在IT行业的巨大前景和服务业务对整合IBM资源的重要意义，以及网络化的电子商务模式使IBM有可能超越微软和英特尔主宰的个人电脑时代，借此重新回到IT行业的中心。

第三，把创新作为战略思考的焦点。其目的是捕获更多的思路和经验。好的创新体系是企业与市场进行同步探索和实验，而不是独立于市场之外的闭门造车。

第四，战略思考要归结到业务设计中。即企业要判断如何利用内部现有资源，创造可持续的战略控制点。好的业务设计要回答两个基本问题：①业务设计能否建立在现有能力的基础上；②能否获得所需要的新能力。

第五，关键任务设定执行细节。关键任务是连接战略与执行的轴线点，要给出执行的关键任务事项和时间节点，并对企业的组织和流程改造提出具体要求。

第六，正式组织是执行的保障。在展开新业务的时候，一定要舍得投入人力和资源，同时要建立相应的组织结构、管理制度、管理系统以及考核标准，否则执行的结果往往会大打折扣。

第七，人才要有相应的技能去完成战略的执行。这里应包括技能的描述，以及获得、培养、激励和保留人才的措施。

第八，氛围与文化。常见的管理风格包括强制式、身先士卒式、教练式和授权式。在知识密集型经济时代，大多数成功转型的企业最终都逐渐形成了开放、授权、共享的氛围和文化。

很多时候我们的团队缺乏执行力，正是因为我们的战略想法到真正落地之间缺乏一个桥梁。从一个想法变成一个有效的结果，这其中需要思考和部署的内容，这也正是业务领先模型（BLM）告诉我们的。业务领先模型中的每一个模块都至关重要，不可或缺，因为它会决定我们的执行效率、效果和方式。深入思考和掌握BLM方法 ，同时具备这样的战略思维，对于提升团队执行力是非常有帮助的。

高速发展的华为，在其整个经营哲学和狼性团队的打造中，都蕴含了对这一思维模式的执行和思考。华为HR副总裁李山林在一次访谈中提到：“ 华为各部门的业务战略规划讨论后往往束之高阁了，怎么落实是缺失的。引进BLM这个工具后，发现它正好可以弥补业务部门战略落地的缺失，促进业务和人力资源战略的有效连接。”

公司在制定战略时，开始会从战略制定到战略执行整体来看，业务战略部分讨论清楚后，就要考虑组织、人才、文化氛围、激励如何支撑业务战略的实施，此时人员管理和业务管理就不再是割裂的两张皮了。业务部门做规划的时候，形成了例行的机制在各部门推行，并将长期应用于战略管理流程中。

本节思考

1. 你是否能够理解 BLM 八个主要模块的内容?

2. 参考 BLM 模型，你的团队在部署战略执行过程中，有哪些是缺失的?

法则3 行动路径

——将战略目标变成可执行的路径图

在战略实施方案明确后，我们需要一个可执行的路径图，有效的“作战”路径图可确保团队成员目标清晰并且协作高效。在团队任务执行过程中经常会出现两个问题：第一个问题是我们的目标不清晰，这会影响到我们执行的效率；第二个问题是部门与部门之间，或者是团队个体之间，缺乏有效的协同，这也会影响到团队执行的效率。我在帮助企业做咨询的时候，有时候会做这样一个测试：在公司的茶水间随便找个同事问一下：“请问你知道公司 / 部门今年的发展目标是什么吗？”“请问你知道某某部门这个季度的主要工作目标吗？”很遗憾，很多学员都回答不上来，或者非常模糊。

哈佛大学商学院曾经对全球千余家企业做过一次调研，其中有一个核心的问题就是关于企业目标的，他们发现那些成功的企业和不成功的企业在对企业目标的认知上存在较大差别。成功的企业，其各个层级对目标的清晰程度要远高于那些不成功的企业。那些不成功的企业中，对公司和组织目标的清晰度不超过 50%。这是导致低执行力的一个重要因素。

所以，这一节我们就来解决这个问题。而解决这个问题的方法，叫作 T–Map。如何通过它来提高团队执行力呢？

在讲 T–Map 之前，我们先来看一下一个高执行力团队的特点。以龙舟赛为例。龙舟赛是一个依赖高能力、高执行力才能获胜的比赛，那么，龙舟的队伍在比赛过程中需要具备哪些特点呢？除了日常的训练外，在比赛时还需要关注两点：第一，整个团队的目标要非常清晰而统一，也就是这条船上的所有人都知道目标是什么。第二，这条船上团队成员的动作都非常协调，所有桨手的桨入水的角度都要完全一致，鼓手和团队的动作配合也要非常默契，因为只有这样才能形成合力，才能推动船的快速前进。

这两个条件，就是高执行力团队所具备的两个特点。问题是，在龙舟团队中，我们能够看到每个成员的行为和远方的目标，这样的协作和统一比较容易达成。但是在一个公司组织中，目标可能并不是具象的，而是模糊的。这时候我们可以利用 T–Map 方法。

T–Map 是类似于图 1–2 这样一个矩形的图。T–Map 的左下角有一个框，这个框的内容叫作 As Is，意思是我们这个团队今天的状况是什么。它的右上角那个框里面的 To Be，就是我们希望团队未来达成的目标。

这个 To Be 的目标是一个时间的概念，可能是在未来的一年，也可能是在未来的三年，也可能是在下一个季度，也就是我们今天的状况是什么，我们这个团队希望达成的明天的目标是什么。

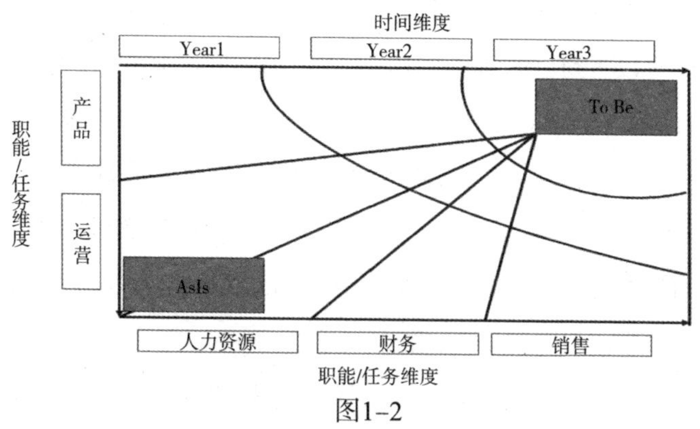

图1-2

这就是 As Is 和 To Be 两个方向的内容。在整个矩形的上方，是所谓的时间概念，在这里可以根据具体安排将一年分成四个季度或者 12 个月。整个矩形的左边和下边是具体的一些职能部门。如果你拥有公司的 T-Map 的话，左边和下边就是你所有的职能部门，包括产品部、市场部、人力资源部、财务部等。

如果你只是拥有一支团队或者只是个别的团队成员，可以把 T-Map 分得更加细致。也就是要清楚从今天 As Is 到 To Be 这样一个时间维度，各个部门需要做哪些事情。As Is 和 To Be 代表我们整个团队和整个公司希望达成的目标。中间的几条连线、几条弧形的线形成的一个个小的模块，代表在某一个时间节点，该部门或职能单位应该达成的里程碑式的目标。

通过这样一张图就能看到，每一个时间段、每一个职能部门需要完成的目标。这张图其实是整个团队高效执行力的作战图，可以贴在办公室的任何一个地方，当团队成员忘记目标或者目标不清晰时，它能时刻提醒员工将工作内容和整个公司的目标牢牢地关联起来。

此外，T-Map 可以让各个部门之间的工作协同进行，因为这个时候销售部可以看到市场部的工作内容，市场部可以看到产品部的工作内容。比如，销售部门某季度最重要的任务之一是招募更多的人员，以拓展更多的销售渠道。完成这个任务需要和人力资源部相配合。当销售部看到招募销售人员不是人力部门这个季度优先级较高的工作时，就可以提醒他们优先考虑招募销售人员，以更好地协调双方的工作，保证销售部门顺利开展工作。

其实 T-Map 的使用是非常广泛的。可以用在组织的不同层级，比如公司层级、部门层级和小团队层级。我们在早期使用 T-Map 的时候可以用软件或其他方式来勾勒这张图。更重要的是具备 T-Map 这种思路，也就是想要打造高执行力的团队，必须具备两个条件：

（1）目标清晰统一。

（2）成员之间协作无间。

本节思考

1. 思考一下你们公司的 T-Map 或者你们团队的 T-Map，并试着将其应用于团队管理中。

2. 问问你们团队的成员，他们对公司的目标是否清晰认知，以及他们对其他部门和同事的工作目标是否了解。

法则4 目标分解

——定目标、排优先，层层分解

前面我们提到了高执行力团队目标清晰统一以及协同性的重要性，那么，在一个多层级的团队中，如何将公司的目标层层分解到各个部门，或者说，如何将团队的目标层层分解到个体呢？只有这些目标从上至下，从左到右，实现纵向和横向的统一协同时，才能保证整体的目标可以通过个体目标的完成来实现。

关于目标的协同，我们有这样一个比喻，即一个公司或团队的目标状态，就像是一串葡萄，如果是出色的，就像一串葡萄一拎就可以拎起来；如果存在问题，那么这串葡萄一拎起来就会散了。

一个高执行力的团队，一定具备优秀的内在目标联结体系，这个目标如果能进行分解和分配是最好的。这也是本节想教给你的方法——MECE。

MECE 最早出自麦肯锡咨询公司的金字塔原理，MECE 即 Mutually Exclusive，Collectively Exhaustive，翻译成中文就是“相互独立，完全穷尽”。

相互独立意味着问题的各个部分之间没有重叠，完全穷尽意味着要涵盖整个问题的每一个方面，没有遗漏的部分。

用一个形象的比喻就是，一棵大树如果要做到所谓的 MECE，那就要求：

（1）不重复 (Mutually Exclusive)，就是每片树叶都不重叠。

（2）不遗漏 (Collectively Exhaustive)，就是整棵树不能有漏洞。

MECE 的“ME”相互独立，是为解决问题奠定基础。因为只有明确问题的主干，才有利于找到背后的直接原因。如果两个枝干交织在一起，那我们就很难追根溯源了。这就会出现多个因素混在一起的情况。相互独立就是要元素互斥，是通过降低重复率来降低问题的复杂性。也就是，要确保你的分类或解决方案不会被考虑或是提出两次。这样你看到的每一个选项都是相互独立的，从而能更深入地了解要解决的问题。

MECE 的“CE”完全穷尽，是要涵盖整个问题的每一个方面。否则我们可能会错失真正核心的事实资料，从而可能会出现领导评价的“怎么少了 ×× 因素啊”，不仅降低说服力，还得不到最有效的解决对策。所谓完全穷尽是为了确保收集信息的全面性，也就是确保已经考虑了所有可能的选项。为了做到这一点，建议将问题划分为有限数量的分组。

比如，在建立“交通工具”的 MECE 时，不要单纯地去考虑不同的交通工具，飞机、火车、自行车……因为交通工具的类别很多，可能还存在一些我们并不知道的交通工具。所以应该进行有限分类，比如可以分类为有轮子的和没有轮子的，或是在天上飞的和在地上跑的。这样就能完整地囊括所有的交通工具。

又比如，以年龄给人口做一个 MECE 分类。分类的标准是群体间不能有重叠的部分，还要包含所有年龄层的人群。那么，可以将人群分为 60 岁以下，60 岁及以上，这种分法就符合 MECE。这个分类确保了群体中没有重叠——相互独立；每个人都包含在这个分类中——完全穷尽。如果把人口分为 60 岁以下和 40 至 70 岁就不符合 MECE 了，40 至 60 岁的群体同时存在于两个分类组——没有相互独立；70 岁及以上的人群没有包含进来——不完全穷尽。

MECE 有时候在许多大公司面试过程中会用到。比如：针对这样一个问题，请估算一下北京朝阳门附近一家全聚德饭店每天的人数，请对客人的类型以及不同类型的客人比例进行分析。

首先，分类的维度可以很多。如果以性别来分，可以分为男性和女性，符合 MECE。如果以客人的来源地来分，可以分为中国、美国、英国、法国，但这样并没有做到穷尽，也就是不符合 MECE，但如果分为中国和外国，就符合 MECE。

同样，如果列出一些国家，但是没有列全，再加一个“其他”，代表未列入的，这样就又做到了相互独立、完全穷尽。还有，MECE 也需要考虑同一个维度，比如客人来源是华南、华北、华中、西南、西北、东北和北京，就不符合 MECE，因为北京包含在华北里，和其他的区域描述不是一个维度。还可以分为直接上门的客户和有预约的客户，第一次来的客户和来过一次以上的老客户，这都是符合 MECE 的。

这些不同的分类都可以让我们推算出这个饭店一天的客人数。每一种推理只要分类符合 MECE，得出的假设结果就是合理有效的，数字多少不一定准确，但推理的过程是准确的。

如果让你估算一下 Airbnb（爱彼迎）在中国的市场规模，是不是感到头疼？通常人们倾向于通过首先确定 Airbnb 的目标用户群体来分析市场份额和市场规模：总收入 = 总和（每组人数 × 每组平均花费的金额）。例如，Airbnb 的目标市场可分为：

◆ 18~24 岁大学生

◆ 20~30 岁年轻女性（更容易接受西方价值观）

◆ 20~35 岁具有海外背景的白领

◆ 30~40 岁家庭团体

这种方法存在的问题是容易丢失和重复选项。显然，前三个小组有重叠部分：年轻女性既可以是大学生，也可以是有海外背景的白领。如果不使用 MECE 来分类，这种方法将高估 Airbnb 的市场规模。

如果根据 MECE 法，更好的方法是使用传统的人口统计指标，如用年龄、性别、地理位置、收入水平来划分市场，因为它们有效地避免了在划分市场时对群体进行重复计算。使用哪种人口统计指标还取决于市场和公司的商业模式。

MECE 在我们工作任务的分解当中应用也很广泛。比如我们在管理中做目标绩效管理的时候，需要把公司或者团队的目标进行层层分解，分解到下一层级，这个时候必须做到 MECE，因为如果不符合 MECE，就会导致总目标完不成，或者下一层级之间出现交叉。如我们公司的销售目标是 3000 万，我们有三个产品线，在分配任务的时候就要做到 MECE，这在管理者进行 KPI 或者 OKR 管理时也经常用到。

另外，MECE 也是我们解决问题的思路。比如我们看到某个团队成员工作不积极，表现不好，我们该如何解决呢？可以用 MECE 的方法找到问题的根源。这里我们用假设思维的方法，可以把员工表现不好的原因分解为：

- 对薪酬不满意
- 能力欠缺
- 与领导或者同事发生矛盾
- 家庭和身体状况不佳
- 想离职

假设是这些因素导致员工不积极，而且分类上做到了 MECE，那我们就可以一一判断，找到可能的原因，并加以解决。

只有当我们做好充分思考并进行判断后，才可以对症下药。有时候对于管理者来说，发现问题比简单地给出解决方案更重要。如果你希望成为一个可以快速发现问题、洞察问题根源的管理者，MECE 就可以帮到你。

如前所述，在解决许多问题的时候，MECE 的思维方式通常是和假设思维联合起来使用的。在使用的过程中，为了更好地进行分析，思维导图是我强烈推荐的工具，它能将你的思维更加可视化、清楚地呈现。

当然，当你进阶到更高维度的时候，MECE 的图就会自动浮现在脑海中了。可以说，在我们分析事实、创建假设、证明或证伪假设的每一步路上，都贯穿着 MECE 的思维准则。

本节思考

你所在的公司或团队的目标分解是否遵循了 MECE 的原则？

法则5　结果导向

——移动互联网时代的目标管理工具

目标管理的方法有很多，最早关于目标管理的提出者是彼得·德鲁克。他在 1954 年提出我们要做 MBO，即通过目标的方式来管理。这是最早在商业的组织当中，用一种方法或者工具来管理我们的目标体系。

早前人们说目标管理的时候，只是考虑短期的目标或者财务的目标，这很不利于公司的长远发展。所以 1992 年的时候，人们对目标体系做了改变，也就是既要考虑内部的目标，也要考虑外部的目标；既要考虑财务目标，也要考虑非财务目标；既要考虑短期目标，也要考虑长期目标。

所以就出现了另外一个目标管理工具，也是战略执行工具，叫作平衡记分卡（Balance Scorecard）。20 世纪 90 年代，甚至在 2000 年前后，这是一个很盛行的工具。

后来，一些公司的高层觉得过去的目标太多了，需要抓住那些关键的目标。于是就出现了我们今天一直在用的所谓的 KPI。一直到 1999 年，也就是谷歌成立的第二年，谷歌的投资人约翰·杜尔把 OKR 引进谷歌，但其实 OKR 并不是在 1999 年产生的，它早在 1978 年就已经诞生，最早是英特尔首席执行官格鲁夫发明的目标管理工具。

OKR 的作用是把一个团队更好地组合起来，让每个人都表现得优异，让他们去履行各自的责任，完成团队的共同目标和任务。我们来看一下 OKR 的具体做法。

OKR工作法是什么

O 代表着 Objective，也就是目标的意思，是团队的任务或目标。KR 代表着 Key Result，就是关键的任务结果，代表要实现这个目标，必须要做的事情和任务。如果 O 代表着我们要去哪里，KR 则表示前进的具体路径。

OKR 的优势在于，可以让团队的目标更加聚焦，在聚焦的同时还可以保持目标的主次分明、层次有致，同时还可以让整个团队的工作更加协调，保持方向和行动的一致。

OKR工作法应用案例

目前，OKR 已经被全球范围内众多公司使用。不仅有很多美国的公司，中国的很多互联网公司、科技公司或者一些新兴的创业公司也在使用。

【案例】**共享单车**

摩拜的目标是做到下个季度的市场占有率第一，这就是它的 Objective。实现这个目标要做的关键任务，也就是 K 和 R，包括：

第一个任务，要实现下一个季度新增用户超过一千万；

第二个任务，存量用户的活跃率要超过 1200 万；

第三个任务，在城市的布局方面，要新增不同城市的布局，要增加 15 个新的城市并投放更多的车辆。

只有做到这三件事，才能确保在下一个季度，摩拜单车的市场占有率达到第一。

如何设定有效的OKR目标

OKR 关键任务的设置要注意的原则，是每一个关键任务都可以量化，可量化指标可以为后期工作完成情况的考评奠定好的基础。

关键任务还要有时间限制。如果这个指标不能量化，等到期末考评的时候，大家就谁也搞不清楚到底如何判断目标是否达成。员工会认为自己的目标已经完成，但是团队的负责人可能会认为员工并没有完成。如果存在着非量化的指标，或不能完全用客观的标准来决定的指标，或需要主观因素介入才能完成的指标，就会让后期考评的过程产生问题。

OKR 的目标设定需要注意三点：

（1）目标的设定要有一点挑战。如果这个目标轻轻松松就被完成了，那么，这个目标就没有什么挑战，也就没有什么意义了。

（2）目标要可执行。如果这个目标遥不可及，或者根本不在团队可控的范围内，那么，这个目标的设定也是没有意义的。

（3）目标需要有一个达成时间的限制。这个时段可以是未来的一个季度、半年或者一年。

OKR应用中的“三三”原则

OKR 应用中最佳的原则是“三三”原则，这个原则是许多应用 OKR 的美国硅谷的公司经过长期实践摸索得到的经验。“三三”原则指：在一个时间周期里，针对一个员工，某个时间周期目标的数量应该设定为三个，同时实现这个目标的每一个 KR 关键任务的数量也最好是三个，这样在执行的过程中会收获比较好的效果。所以这个原则被命名为“三三”原则。

有时候我在一些公司看到针对员工的指标超过十个，这样没有聚焦的目标体系，员工将不知所措。在执行 OKR 的过程中，对于目标的沟通要自上而下和自下而上相结合。比如，到了一个季度末要制订下一个季度的 OKR 目标的时候，首先要询问员工作为团队成员，他们认为最应该做的事情、他们的目标和关键任务是什么。然后团队的负责人和团队的领导者再跟员工沟通，从领导的角度，依据整个团队的目标，委婉指出员工下一个季度应该做的事情是什么，最终形成一个 OKR。

如此制定 OKR 的好处是，第一，可以坚定整个团队的目标。第二，可以使员工对这个目标有更深的理解。第三，可以使目标的完成成为一个自发的过程。如此员工便不会觉得这个目标是主管强硬地指派给他的，而是融合了他个人的自由意志和想法。这样整个 OKR 的执行过程就会非常通畅，因为一旦员工认为这是自己制订的目标，就会认为由自己高效完成是非常合理的。

如何评估OKR的结果

在 OKR 的管理中，还有一个要注意的问题是 OKR 的全员公开。Google 和其他公司在执行 OKR 的过程中，每一个员工的 OKR 的内容都是向全员公开的。不管你的角色是什么，你都可以看到公司任何一个人 OKR 的内容，你甚至可以看到这个公司 CEO 的 OKR 内容，这就是所谓的全员公开。全员公开可以避免我们在团队的管理过程中，大家对目标的认同出现差异，或者成员间的协同出现问题。

因为如果我们不知道其他的团队成员到底在做什么，很可能会出现重复劳动的现象，或者本该互相配合的工作我们却不知道对方的实际需求。OKR 在 Google 的评分原则是这样的：一般来说，分值是从 0 分到 1 分，1 分为满分。一般成员达到 0.75 分，就算 OKR 考核合格了。

谷歌在执行 OKR 时，还有一个重要的原则，就是 OKR 的考核结果不与薪酬挂钩。这是非常有特点的，不像 KPI 的结果是跟薪酬严格挂钩的。

关于 OKR 的制定时间，一般来说，建议在一个季度的末期准备起草下一个季度的 OKR，比如在一季度的最后一周制定下一季度的 OKR，在第二季度的第一周再来回顾上个季度的 OKR 的完成情况。

OKR执行时效果不好有哪些原因

在使用任何一种管理工具和方法的时候，请一定要记住一个很重要的点，就是情境。情境是指，你所处的组织的环境、你所处的团队成员的环境到底是怎样的。这样你才能知道这个工具的使用到底有没有效。谷歌在使用 OKR 的时候，其评分为什么跟薪酬和绩效不挂钩呢？

第一，这是行业使然。因为对科技行业来说，最重要的是不断去尝试新鲜的事物，敢于去试错，因为一旦错过了某些科技的机会，可能就失去了一个时代。所以对于谷歌来说，对员工最重要的要求是去大胆地创新和尝试，在创新和尝试的过程中一定会有失败，一定会有犯错，不能因此就跟员工的薪酬挂钩。所以谷歌在执行 OKR 的过程中，员工的 OKR 评分是多少没有关系，不会影响员工的饭碗，这在科技公司是很重要的一点。

第二，谷歌公司的每一个工程师都是充满梦想的人，他们都希望通过自己的努力改变整个世界。因此，不管你的薪酬、绩效和他的 OKR 是否挂钩，他都会拼全力去做出一些创新和改造，而不会偷懒。因为如果他偷懒，他就一定不是谷歌合格的员工了。这两点决定了谷歌的 OKR 的评分和薪酬可以不挂钩，但是你要考虑一下自己的公司是否可以如此。如果你公司的员工是那种需要给明确的指令的，那么，OKR 这种方式就不一定适合你；或者你的员工能偷懒就偷懒，OKR 这种方式也不适合你。

由此可以看出，在使用目标管理工具的时候，一定要找到这件事情背后的根源是什么。为什么要用 OKR？并不是为了抄袭和效仿而使用，而是因为你的团队需要一种好的目标管理方法，让团队的目标和团队的行为能够牢牢地绑定起来。所以，在使用这个工具的时候，可以根据公司的文化做一些改良。

在真正地理解其中的含义之后，你就可以灵活地进行调整，将工具真正为你所用。又比如，有人经常纠结到底是用 KPI 好还是 OKR 好。我的观念是，其实叫什么一点都不重要，重要的是你的核心是什么。你的核心是一个目标管理的工具，能够通过这个工具去驱动你的员工的行为，从而达成你的目标。在这个过程当中，全部是 OKR 的内容还是全部是 KPI 的内容，抑或既有 OKR 的内容又有 KPI 的内容，哪个更有价值呢？要综合考量，关键是能为你所用的内容，这是你需要思考的。

综上所述，我们的团队之所以缺乏自主的执行力，往往是因为我们缺乏目标或者缺乏达成目标的方法。OKR 就是解决这些问题的方法，O 就是给予我们正确的目标，KR 就是告诉我们完成这些目标所应该做的重要工作。如果每一个团队成员都清楚地知道自己应该去哪里，并知道该如何去，那就会自主地执行和行动。这时候的执行不是来自管理者的推动，而是来自由内而外的自发的驱动，这样的执行力才是有价值的。

本节思考

1. 你所在的组织在贯彻 OKR 工作法吗?
2. 你认为如果使用 OKR，可以为你的工作带来什么改变?

第二章

搭建顺应时代的高效组织结构，以组织和流程促执行

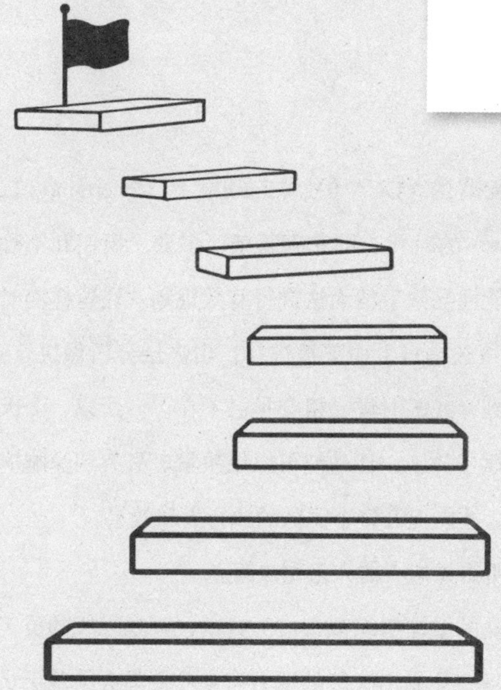

法则6 敏捷组织

——移动互联网时代，高执行力组织的必备

今天我们进入了所谓的VUCA（V, Volatility; U, Uncertainty; C, Complexity; A, Ambiguity）的时代，即充满复杂、多变、模糊和不确定性的时代。太多的可能性导致事情无法进行有效规划。在这样的时代，如果一个组织的决策还是自上而下地进行，由高层分析做决定，然后层层下达，那真的到一线的时候，机会早已不在了。所以，今天的管理者要学会把权力赋予员工，让他们可以做决策。只有快速响应市场，做出决策和行动，才能提升整个团队的执行力和效果。

任正非也说过，让听得见炮火的人来做决策。

不同行业、不同团队的敏捷组织都有一个特点，就是一线的员工和战士有足够的根据市场变化做出决策的权力。企业要学会给基层员

工赋能，即由上而下地释放权力，让员工能够自主工作，从而通过去中心化的方式驱动企业组织扁平化，最大限度发挥个人的才智和潜能。

正如哈佛商学院的罗莎贝斯·莫斯·坎特所说的，将权力向下延伸是非常有必要的，因为世界上很多事情的干扰性越来越强，“意外”的事情越来越多，变革的需求也越来越强烈，各家公司必须越来越依赖员工去做决定，因为很多事情出现后，我们会发现，并不存在对这些事情常规的应对方式。

固步自封的公司与创新发展的公司，两者的区别在于会不会赋予公司中的个体有效使用权力的机会。

比如海底捞火锅，想必去过的人一定会感叹他们员工的服务水平，他们一线的服务员可以在现场根据客户需求给出远超出期望的服务，比如为等待的女生做指甲、为带孩子的顾客提供玩具等。你有没有想过，其他餐厅的服务员忙于端盘倒水都来不及了，为什么海底捞的服务员可以随时为顾客提供那么多的超值服务呢？他们哪来那么多的权力呢？

还有一个公司，是电商品牌韩都衣舍。早期一般电商公司的组织结构是标准的金字塔结构，包括四个部门：产品研发部门，产品采购、供应链部门，销售部门，行政部门（包括财务、法务、人资和行政）。其中最核心的三个部门是产品和开发、销售、采购，之前每个部门各有 10 个人，一共 30 人。后来韩都衣舍把这 30 人打散，变成 10 个小组，每个小组都有这三个部门的人。变成小组之后，总监、经理、主管都没有了，就是单纯的 10 个小组，没有管理层了。而这一个个的小组就成为一个个独立的业务单元，可以根据市场和用户的情况快速做出反应，推出最受市场欢迎的服装。因此，他们的销量好几年都稳居女装电商销售第一。

还有美国陆军四星上将，美军驻阿富汗以及国际安全援助部队的指挥官斯坦利·麦克里斯特尔，他在《赋能》一书中描述，他曾担任联合参谋部主任和联合特种作战司令部的指挥官。在他的领导下，联合特种作战司令部迅速崛起，成为一个可在全球许多国家开展战地外小规模行动的组织。

他提到，在反恐战争中，美军的组织形成小单位作战，前线 3 个人一小组，包括一名信息专家、一名火力弹药专家、一名战斗专家。信息专家主要负责搜集敌方信息、天气信息、地形信息等。然后信息专家把信息传递给爆破专家，爆破专家计算应该从哪儿打好，从空中打、从海上打，还是从地面上打，哪个最经济，哪个效果最好，用多少炸弹，以实现精确打击。战斗专家则负责拿着枪打仗，保护信息专家和爆破专家。这就是现代战役——三个人一个组，一个负责搜集目标，一个狙击手，一个负责战略撤退。只有缩小作战单元，让前方听得见炮火的人指挥战争，提升一线的综合作战能力，才能更加灵活机动地应对不确定性。

如何打造敏捷组织

作为管理者，如何更好地赋能团队和组织呢？这里有几个建议：

1. 要让成员学会应对不确定性

不确定性的加剧，导致人们对未来预测的准确度大打折扣。人们必须适应这样一种时代变化，在意料之外的变化发生时有能力、迅速地解决问题，不至于陷入恐慌和无助进而导致失败。正如麦克里斯特尔在《赋能》一书中所说："世界已经改变。在今天的世界，获取成功的办法更多的是应对持续变化的环境，而不是根据一堆已知的或者相对稳定的变量进行选择。敏捷性必须成为我们首要的素质，而不是效率。"

2. 学会化繁为简

在打造网状组织的过程中，有三点因素是不可或缺的基石：

第一，互相信任。在海豹突击队的训练中，从第一天起，所有的任务都需要结伴完成。这些训练所考验的，是在生死攸关的时刻，你是否能够信任身边的同伴，甚至将性命托付。一个互信的团队，能够建立起组织韧性。当危机来临时，他们可以迅速聚集并构建新的团队；当组织被打击时，他们又可以迅速重新融合，彼此补充。

第二，目标共享。在高风险的环境中，前线人员需要有能力去识别潜在风险的影响，并能及时响应。组织内的任何一个人，从高层到前线，对目标都必须了如指掌，同时了解组织内部可调用的资源，需要团队如何配合，需要达到怎样的效果。

第三，打造团队中的团队。在之前的公司里，每个城市都驻扎运营团队，并且都会有自己的数据分析师。虽然区域总部有一支更加专业的数据团队，但是拥有独立的数据分析师意味着运营团队在简单的决策层面拥有更大的自主权。同时，本地的分析师会时不时和区域团队一起合作项目，当更复杂的项目到来时，便可以通过团队内的分析师与区域团队取得联系，得到更专业的帮助。在大的组织里打造小而敏捷的小团队，可以让信息迅速地在组织内流动，并依靠小团队内的智囊在前线直接作出决定。

3. 信息共享

竞争是为了提升效率，而不是浪费资源，这依然是在管理中需要检验的标准。赋能绝不是简单的“放松控制”，让团队成员放手去干的结果往往是一盘混乱，最后还要领导来收拾残局。

在好的赋能模式中，领导和团队成员一样，有着强烈的共享意识。信息的共享是赋能的基础，只有这样才能让团队既有活力又不混乱。做好信息共享，可以让团队中的每个人都有成为领导者的可能。信息共享提升了组织内部效率，让每个人都能得到更充分的信息，对自己的权责有更清楚的了解——这是个体做出聪明决策的基础。

4. 对于组织结构和流程等做相应的调整

仅仅口头上赋能是不够的，要给员工在组织上做相应的调整，让流程更加顺畅，让目标和激励的机制更加有效。组织和内在的动力解决好以后，赋能才能真正发挥效果。

敏捷性的组织一定是决策效率高的组织，如何提升组织的决策力，也是高执行力团队需要关注的。如在一个团队或者组织当中，我们经常需要讨论和开会，在沟通中达成一致，高效的沟通和决策是高执行力的基础。但很多时候，我们在决策的过程中存在决策效率低或者决策结果差的问题。那么，做决策到底有没有有效的方法呢？接下来，就向大家介绍一种方法，名字叫 SPADE。

什么是SPADE

SPADE，首字母缩略词，每个字母分别代表背景（Setting）、人员 (People)、替代方案（Alternatives)、决定 (Decide)、解释 (Explain)。

提到 SPADE，我们要先从一个故事讲起：

这个故事来自谷歌，主人公叫罗杰姆，他被称为 AdSense 之父，就是设计出 google 最重要盈利模式产品的人物，他在将 Google AdSense 打造成价值数十亿美元的产品线方面发挥了领导作用。

有一次，他与另外两名同事以及 google 创始人之一施密特开会讨论一件重要工作。会议讨论得非常激烈。这时候，施密特说："停。谁为这个决定负责？"三个人——包括罗杰姆在内——同时举起了手。"会议结束，"施密特说，"在确定负责人到底是谁之前，我不希望你们回到这个房间。三个负责人等于没有负责人。"就这样，会议延迟，大家离开了。

这件事对罗杰姆影响很大，后来他在 Facebook、Square 等多家重要的互联网公司担任高管，在实践中，他总结了一个用于做决策的思维方法，并被很多硅谷的公司采纳效仿。

如何将SPADE框架应用在工作中

1. 背景（Setting）

背景包括三个部分：事件、时间、原因。

很多时候，人们无法准确说出要决策的事件是什么，这会导致我们并不知道为什么而讨论，很可能导致我们的讨论方向产生问题。而关于时间，不仅要能够反映做出选择所需的时间，还要反映出为什么需要那么长时间。“必须要以批判性的思维去思考‘为什么’”。

如果有人说必须在2018年10月15日做出某个决定，那为什么必须要这样？很重要吗？为什么要做这个决策？决定为什么很重要？比如：一家公司的产品经理和营销经理有一个严重分歧，他们在怎样给产品定价这一问题上意见不统一。进一步调查，矛盾产生的原因是他们对定价目标的认识有根本性的偏差。产品管理者将其看作是优化市场份额的方式，而产品营销者将其看作是收入最大化的方式。当我们弄清楚矛盾产生的根源后，做出决定就变得简单多了。

2. 人员（People）

执行决策背后的动力是人员，框架中代表“P”。

与组织中的一切相比——人员是最重要的。参与决策的人主要有三种角色：负责人、审批人，以及顾问。决策的负责人需要对决策的执行和结果负责。审批人通常是高层人员，他会站在决策流程之外，以第三视角来对决策进行审核。通常情况下，审批人的主要目标是分析决策过程的质量，他不会否定决策本身，而会否定决策的质量。顾问是决策制定的积极参与者，他们给决策提供很多有效信息和参考，并从外部角度来评判决策的客观性，避免盲区。

罗杰姆说过一个关于顾问角色的案例。Square 公司需要对工程师编写软件测试的政策进行更新，作为工程主管的决策者已经和几位相关的工程负责人进行了磋商，而且他们对最后的决定都表达了满意的态度。

然后决策者便向所有 Square 的工程师发送了一封电子邮件，其中包含了政策更新的决定。然而在 30 分钟内就有十几个人回复说，许多人对此决定表示强烈反对。值得肯定的是，决策者暂时保留了这个决定的执行，并邀请 Square 的每位工程师，不论是否同意这项决定，都约定下周与他见面。一周后，决策者通过电子邮件发出了新的决定。结果如何？决定最终没有变化，但这一次，没有人反对或者抱怨。因为所有工程师的看法都受到了尊重。

3. 替代方案（Alternatives）

一旦背景和参与人员确定了，下一步就是列出选择方案。

简单地说，一个选择方案就是一种价值观。对于负责人，也就是决策者来说，毫无偏见地考虑一系列的选择方案就是他的工作。决策者可以通过头脑风暴，列出每一个替代方案的利弊，以及量化模型背后的参数，尽可能地分析数据，或者制订出之前从未想到的新的替代方案。替代方案应该是具有可行性的方案，而且有现实可操作性，多样化。

替代方案要尽可能全面，以应对各种可能出现的情况。比如，罗杰姆说，“我们与一名潜在合作伙伴讨论合作时，在一条特定条款上卡住了。我们需要决定如何使谈判继续。有两个最初选择——不做更改，与合作伙伴继续谈判；或者终止谈判。而当我们聚在一起头脑风暴替代方案时，这个团队就可能制订出让大家都感兴趣的第三种选择——拟定一份第三方合同，以减轻双方在该条款上的风险——这就是我们之前未曾想到的。”

4. 决定（Decide）

有了评估的选择方案以及基于背景列出的利弊，接下来要做的就是做出决定了。

列出替代方案及其利弊，以及所运行模型的价值，然后问大家的反馈意见。这个过程中最重要的部分是让所有人私下发送意见给你，因为有些重要的决定可能会有产生争议的解决方案。决策者的目的是要得到诚实的想法，而不是屈从于组织层级或同事压力的答案。

最后，决策者知道了所有人的选择后，需要参照大家的选择对信息进行全面评估，然后“做出决定”。这包括，选出其中一个替代方案，尽可能详细地写出他们为什么做这个选择。

5. 解释（Explain）

决策框架的最后一步要求决策者对决定进行解释说明。简言之，就是他必须清楚说明为什么要选择这个方案，并阐述这个决定的预期效果。这一阶段有三个步骤：

第一，让审批人来评判你的决定及其流程。再一次申明，审批人的作用是监督决策过程，而非结果。

第二，决策制定以后，让每一个人都在会议中单独、大声地承诺支持决定是很重要的。承诺会议很重要，因为当你在同事面前承诺支持某一决策时，你更有可能真正支持它。作为决策者，你还要负责决策的实施，因此，你需要他们的承诺来帮助决策的推动。

第三，给一切可能参与的人发送决策制定文件。既然决策已经做出，真正的工作就开始了。承诺会议后，需要明确后面的任务怎样分配与执行。

SPADE在使用时需要注意哪些因素

（1）不要采用一致意见。

（2）清晰阐述“为什么”，这对理解做决定的目标和背景很重要。

（3）保证决策者既是责任人，也是问责人。

（4）最大程度地咨询他人。

（5）私下获取反馈信息，但是要进行公示并公开取得支持。

SPADE具有普遍适用性，它更多是强调一种决策的思维理念，而非招式。在实际运用过程中，要根据团队内部及人员的实际情况，因地制宜。

本节思考

1. 你的组织属于敏捷性组织吗?
2. 你所在的组织做决策的效率和质量如何?

法则7 适应优先

——搭建合适的组织结构，提高团队协作能力

管理者除了学会赋能团队的基层成员外，还要学会搭建合适的团队结构形态，并且提高团队的协作能力，以保证团队能量得以充分发挥。我们在做出组织架构选择的时候，要知道哪些组织结构是适合我们的，这有利于我们执行力的提升。

近些年来，对于团队结构的选择有一些不同的观点。一种观点是军队型组织结构，另一种是球队型组织结构，军队和球队都是高绩效团队的形态表现，他们都是以团队的充分团结协作达成最后的胜利。但是这两种形态又存在着几点差异：

第一，军队型组织强调的是命令和统一，球队型组织的成员在球场上可以根据具体的情况自主选择和判断。在军队当中，军人以服从

命令为天职，这是在整个过程中达成一致性的基本要求。而对于球队来说，正如前曼联主帅佛格斯说的：球员到了绿茵场上，那就不是教练可以控制的了。

第二，军队的组织强调集体的力量，而球队的组织强调个体的力量。所以在球队的组织当中，我们看到那些耀眼的球星，在瞬间就可以挽救一支球队的命运。

第三，军队强调的是高效的执行以达到目的，而球队更多的是找到更适合的破门方法和路径。

那么如何选择合适的团队结构呢?

这里我们以军队和球队作为启发点来思考公司团队和组织的形态，以找到最适合公司战略、文化、行业特点的组织形式。

每一种组织和团队的结构都有其特点和优劣势。有时候在一个组织中，甚至会同时具有军队型团队和球队型团队。两种不同风格的团队都有着它们的价值所在。如从任务来看，如果你的团队要求高效执行，在很短的时间内完成，那你需要一种军队式的团队组织。从层级来看，高层级需要的是一种球队式的组织，因为高管层要发挥自己的价值，需要在不同的情境下判断环境并做出决策。基层的团队更多强调的是执行力，要求高标准地执行。从行业来看，对于未来充满未知的、创新的领域，我们倾向于球队型的组织，也就是我们要根据情境需要来灵活运用。

不同的企业或团队之所以选择不同的组织结构，是因为会考虑到所处的行业、所从事的业务以及其团队成员的形态各不相同。比如富士康这样的企业就是一个军队型的组织结构，要求所有员工必须高效地完成每一个订单，不能出丝毫差错。

而大部分互联网公司是球队型组织结构，比如我们看到韩都衣舍的三人组、海尔的事业合伙人、美国的海豹突击队，他们都是以三人为小组来执行战役。

在今天的组织形态中，我们更强调的一种力量是敏捷性，敏捷性的组织一定不是来自科层制的，不是从上至下的传导，而是来自每一个细小的触角对市场的变化能够做出快速回应。这是我们希望赋予每个团队的敏捷性的效用。

比如一支足球队的获胜有许多因素，优秀的球员、一流的技术、英明的领导、正确的战术，还有至关重要的就是高效的团队协作。有很多拥有世界顶级球星、拥有超一流豪华阵容的球队，在世界杯的赛场上早早回家的例子。而那些最终获胜的队伍，则都是有着严明纪律、严格执行战略、团队密切配合互补的团队。

这种组织的背后不只是简单的组合和流程的灵活，也涉及公司的利润衡量机制以及奖励制度。流畅的球队型组织就像一个大轮子中带着多个小轮子，它们互相依存，共生共荣。

除了我们看到的典型的科层制组织以及球队型组织外，还有更多的组织和团队形态出现。比如圈层型团队组织，典型的代表是滴滴、Uber 这样的公司。公司拥有自己的核心团队负责产品和运营工作，但是在公司外，有着与公司形成紧密合作关系的司机。另外还有所谓的平台型组织，公司有统一的前端、无数个独立的小后端。

团队组织的形态一定还会不断发生变化，未来组织在边界上也在不断延伸。一方面组织越来越小，形成了一个个企业内部的独立小组、自组织，它们有着自己的生命力。另一方面，组织又变得越来越大，通过协作和外包的方式，可以整合足够多的外部资源，比如苹果公司。

【案例】**小米的组织结构**

小米在2018年上市前后，曾经因为业务的发展对公司的组织架构进行过多达十次的调整。小米成立初期，整个组织结构是扁平化的，从雷军到最基层员工，一共就三层。这时候，因为都是创始成员，大家目标、愿景清晰，行动一致。后来，小米的业务线开始复杂，从早期的铁三角转变成多条业务线，于是开始对公司组织进行调整，层级化改造最早将MIUI部门、电视部门作为试点，职级共10级（13~22），13级为专员，16、17级是经理，19、20级是总监，副总裁是22级。同时，随着后期战略方向的调整，从一开始的手机业务到后期的互联网业务以及AIoT业务调整，组织架构上也顺应需求在这些业务上的资源和人才，以保障业务的顺利实现。同时，在国内手机市场一片红海的局面下，小米开始延伸海外市场，积极调整组织布局。为了让组织和人才能更及时、有效地支撑战略发展，2018年，小米还成立了组织部，专门负责公司组织和人才方面的发展工作。

本节思考

1. 你的组织架构能有效支撑你的战略发展吗？
2. 你的组织强调的是灵活性还是高效率？

法则8 人岗匹配

——新思考：因人设岗，还是因岗设人

今天，在高执行力团队组织搭建的过程中，我们原来视为真理的一些团队搭建原则，因为环境和人的变化，慢慢在发生一些改变。因岗设人就是其中一个。

不知道大家有没有印象，以前我们在选择一个人的时候，我们在招募一个人的时候，我们的依据是什么？依据是公司的发展策略，在这个策略和目标下设定我们的组织结构，在这个组织结构下再设定相应的岗位。根据这个岗位的需求我们去招募相应的人，把这个窟窿给填上，这就是我们所谓的因岗设人。这也是我们过去一直所采用的招募人员的方式和设定组织结构的方式。

但由于时代的变化，我们每天都会面临新的不确定性，这个时代的节奏非常快，可能每隔半年或一年我们就会面临一个新的行业的变革，而我们对于人才的储备和岗位的设置就不能再像之前那么的死板，这时很多企业就会面临着因岗设人还是因人设岗的问题。

其实因岗设人的方式是在填空，因人设岗的方式是在绘制一幅未来的图画，在这个过程当中如果能找到一些平衡，会对未来的组织架构和业务发展带来更多的生机。所以请你同时考虑因岗设人和因人设岗吧。

为何因人设岗需要被企业重视?

因为今天因岗设人这种方式慢慢受到了一些挑战和质疑，遇到印象深刻的面试者，哪怕目前没有最适合他的岗位，不妨多留一留、看一看，也许未来他就会给你创造新的天地。

我在一家公司担任顾问时曾经遇到过这样一个例子。公司老总想招募一个业务负责人，他根据当时的招聘需求在面试一名成员的时候，发现这名成员的经历和能力跟他今天所要招募的岗位不是非常匹配，但是这个人所展现出来的对事物的认知，他的计划性和前瞻性以及他过往的执行能力，给这个老总留下了非常深刻的印象。

经过一番纠结，老总决定留下该候选人，想看看未来有没有更加适合他的岗位。半年之后，这个行业发生了巨大的变化。这时这位新招的人挺身而出，负责一个新的业务线。在他的领导下，这个业务线发展得越来越好，后来甚至占据了这家公司 50% 的收入。

所以我们在人员的选择过程中，不能一味地按照过去的做法，我有这个岗位，我再招募这个人才。今天我们可能要更多地去看，这个人身上有什么特质，未来能为你创造什么价值。

在阿里巴巴的用人哲学中也有这样的原则。因为当你身处一个快速发展的行业或领域，甚至不知道未来会怎样发展的时候，你可以依赖的就不能只是自己的判断，可能你需要的是别人的大脑，告诉你机会在哪里，应该怎样去做。

所以我们说因岗设人的方式是在填空，因人设岗的方式是在绘制一幅未来的图画。相信在这个过程当中你会找到一些平衡。

只有把合适的人放在最合适的岗位，才能最大程度地发挥个体的内在动能，用内在驱动力去执行任务，达成目标。如果你的团队中，每一位成员都能做到人尽其才，那你的团队就是一架充满动力的高速列车，一定会运行得飞快。

本节思考

你的组织招人时有因人设岗的经验吗？如果有，后来该成员的发展如何？

法则9 按需配置

——未来组织的共享模式：联盟式组织

组织是由一个个个体加入构成的，在过去，公司和个体的关系大多是雇佣制的关系，公司雇用员工，征用他们的时间，个体付出时间和劳动，来获取应得的利益。在这种形式下，个体在一定时间内，只为一家公司服务，甚至终身只为一家公司服务；而组织要为员工的全方面负责，工资、社保以及一系列福利。但今天，这个我们习以为常的状态正在慢慢发生着变化。组织和个体的关系在发生变化，一方面，越来越多优秀的个体成为独立的从业者，他们不依附于某个具体的组织；另一方面，越来越多的个体在成就事业方面扮演的角色越来越重要，他们不甘于仅仅做一个打工者，企业要想留住这些人，就需要给予他们更多的认同、关注，让他们成为组织的合伙人。

这就是今天我们看到的变化，从雇佣转向合作和联盟。

今天，我们正在经历自由雇佣制的互联网时代，员工被鼓励将自己看作自由人，寻找最好的发展机会，只要有更好的机会出现，他们很容易选择跳槽。企业与雇员需要建立创新型的高度信任与合作的关系。

韬睿惠悦发布的《全球劳动力研究》发现，“尽管约一半的员工希望留在公司里，但多数员工认为自己将去其他地方谋求职业发展”。“员工与企业的关系只是笔生意”的观念已经成为主导，忠诚和稳定的雇佣关系越来越罕见，员工跳槽的情况却屡见不鲜。

在这个瞬息万变的互联网和共享经济时代，团队管理者只有适时调整企业的用人边界，在内部建立联盟式组织，在外部借助人力共享平台，才能更好地应对未来。

首先，如何定义和调整企业的用人边界？互联网时代增加了信息的对称性，企业从自由市场上寻找、沟通、购买一项服务所需付出的交易成本不断降低。著名经济学家科斯认为：“交易成本与管理成本确定了企业的边界。交易成本越低的事情，越应该外部化；管理成本越低的事情，越应该内部化。”可以看出，未来企业规模将会越来越小。也就是说，未来会是“自由人的自由联合体”。因此，企业需要将那些自己做比市场更高效的业务，交给内部团队，以更好地建构自身的核心竞争力和护城河。而那些做得效率低且质量一般的业务，可借助外部人力市场。

其次，如何在企业内部打造联盟式组织？领英的创始人里德在《联盟》一书中给出了解决方案。他创建了一种鼓励公司和个人相互投资的联盟工作模式，建议雇主与员工之间应该从商业交易转变为互惠的关系。他认为企业应该为员工打造任期制，将非终身雇用的员工变为公司的长期人脉，并吸收员工的高效人脉情报。

对于管理者来讲，用崭新的眼光来看待企业和员工的关系，在全员创业的中国尤其重要。采取联盟式组织能够帮助企业：

（1）解决管理者的安全感问题。

（2）提升员工的忠诚度和敬业度。

（3）建立长期的人脉网络。

（4）改善公司的产品／服务。

（5）降低公司成本，让公司业务持续积累。

联盟式组织的任期制

在联盟中，将员工在公司的工作周期设计为一系列连续的任期，管理者可以更好地吸引和留住开创型员工。任期制是一种设计渐进式的承诺从而形成的联盟方式，这种关系将随着各方证明彼此能够遵守承诺而加深。任期代表雇主和员工对某项具体任务的道德承诺。

任期制既能让企业和员工逐渐建立信任、相互投资，又能保留企业和员工适应瞬息万变的世界所需的灵活性。

企业可以根据员工职位、入职时间的不同，将员工的任期分为三大类：

（1）轮转期：通常针对新入职的员工，是一种有期限的标准化培训。这个时期的目的是雇主与员工评估彼此的长期契合性。

（2）转变期：转变期更注重完成某个特定任务，这个时期需要企业和员工共同进行协商来制订职业发展计划。一般来说，转变期持续2～5年。在软件行业，2～5年正好是普通产品的开发周期，它可以让员工完成一个重大项目。

（3）基础期：这个时期企业与员工的价值将高度趋于一致。公司对于员工来讲，已经是他职业甚至生活的基础，处于基础期的员工会将公司的发展视为他终生的责任。不论他们在组织结构中的哪个位置，都将有助于公司的延续和传承，这些中坚力量从某种程度上是公司的智慧和情感基础。

如何把联盟关系落实到具体实践中

1. 建设目标协调的企业文化

（1）建立和传播公司的使命和价值观。管理者要确保员工明确得知公司的文化，这样员工才能更好地判断自己和公司的文化是否契合，或者如何去调整自身来和公司的价值观保持一致。

（2）了解每位员工的理想和价值观。和员工谈论他们的价值观，在协调和巩固员工与公司之间的信任关系过程中至关重要。

（3）合作协调员工、管理者与公司的使命和价值观。一旦每个人的价值观和理想都得以明确，员工和企业之间就可以进行合作协商，以使双方价值观契合。

需要提醒的是，员工和公司并不需要永远一致，只要在员工任期内如此就足够了。一致的兴趣、价值观和目标将增加企业与员工之间维持长期稳固联盟的概率。

2. 招人时开诚布公地谈论任期

领英的 HR 会在面试的时候向员工提问：“你离开领英后打算做什么工作？”自从强调这一点以来，领英的员工满意度高于以往任何时候，顶尖人才的留任比例也比 10 年前显著提高。

此外，领英的资深高管迈克加姆森也会向员工们说明：“在领英工作将为他们创造改变职业轨迹的机会，他们的责任是利用在这里的工作经验抓住这种机会，为自己创造长期价值。这种价值将在他们离职后的职业生涯中体现得最明显。”

在实际招人的时候，管理者可以参考《联盟》一书中建议的提问方式。这将有助于企业传达联盟组织模式的公司文化，保证人才的目标与企业一致，更好地帮助员工制订未来职业发展的任期计划。例如：

“你离开现在应聘的公司后打算做什么工作？”

“你会看着谁说：我有朝一日想成为他？”

“请说出你生命中帮你找到自我、形成工作与领导方法的重要时刻，例如像野蛮人一样应对逆境、挚爱之人的离世或者重大决策错误。”

3. 执行转变期的计划

（1）确定员工的任期目标。

◆任期的整体目标是什么

◆成功地完成任期目标将给员工带来什么

◆成功地完成任期目标将给公司带来什么

（2）定期与员工交流，检查员工自身成长，同时考核其对公司的贡献。

（3）在一个任期结束前一周制订员工的去留计划。管理者和员工进行协商，如果员工决定留下，则双方开始制订员工的新任期计划。如果双方都认为员工有其他更好的选择，管理者可为员工的离职和职业发展提出合理建议。

4. 打造终身联盟的前员工人脉网

前员工联盟是真正领导力的精髓。领英、特斯拉、YouTube、yelp、SpaceX 等公司的创始人都来自 PayPal。联盟在员工完成任期之后仍应该存在。领英现在有 118000 个公司同事群，涵盖 98% 的财富 500 强公司。研究发现，投资于同事联络网的成本远远低于想象，而回报则远远高于想象。同事联络网能帮你雇到优秀人才，提供有用的情报，甚至提高销售额。

以下是帮助企业建立人脉网的几点建议：

（1）在制订任期计划时明确人脉投资计划和预期，说明人脉情报对员工和公司很重要，指出人脉是互惠联盟的有机组成部分。

（2）制订明确的员工人脉发展政策。例如帮员工报销社交午餐费用、鼓励员工积极使用社交媒体展示自己，建立“人脉资金”等。

（3）让每一位员工列出他认识的最聪明的公司外部人士。

（4）管理者以身作则，示范如何正确地使用人脉。管理者可以举例说明自己在工作中面临的一项具体挑战，并说明自己如何利用人脉解决了该问题，以做出实践指导。或者邀请外部人士来公司为员工做知识的分享。

如何利用人才共享平台提高企业用人效率

“不求为我所有，但求为我所用”，已经成为互联网时代人才共享的新理念。这种理念不仅为企业解决了人才培养、留用等难题，也解放了人才的自由工作时间，真正做到了人才的流通和运转。打破一对一的传统机制，发挥人才的最大价值，可同时实现一对多的工作机制，让更多的企业在人力短缺方面得到有效缓解。

共享人才平台的成立与兴起，不仅为人才与企业之间搭建了可以直接面对面的广阔平台，同时也催生了自由职业、兼职众包等新的工作模式。

美国最大的人力外包服务平台 Upwork，据它的 CEO 估计，未来全球自由职业市场的规模可达 2 万亿到 3 万亿，人才共享市场有巨大的发展潜力。

在分享的过程中，可以让存在于每个人头脑中的知识发挥更大的价值，而且互联网打破了空间的限制，可以从更大的范围、以更高的效率来配置人力资源，让人才的能量和数量都得到释放。

管理者可以重新调整企业人才边界，帮员工制订任期计划以及投资人脉网，与员工结为强大的联盟，同时借助外部人力市场，帮助企业获得持续的创新与丰富的人才智慧宝库，不断推动员工、团队、企业，乃至整个经济的繁荣发展。

联盟式的共享组织和个体的关系在未来会有越来越多的公司采用。这种方式，一方面企业可以用好最优秀的人才，另一方面也可以让人才发挥最大的能量。当你面对一个不愿意加入你的企业成为正式雇员的优秀人才时，想想你该如何应对呢？

本节思考

想一想，如果在企业内部打造联盟式组织，会带来什么样的改变？

第三章 知人善任，把合适的人放到合适的位置，为高执行力打基础

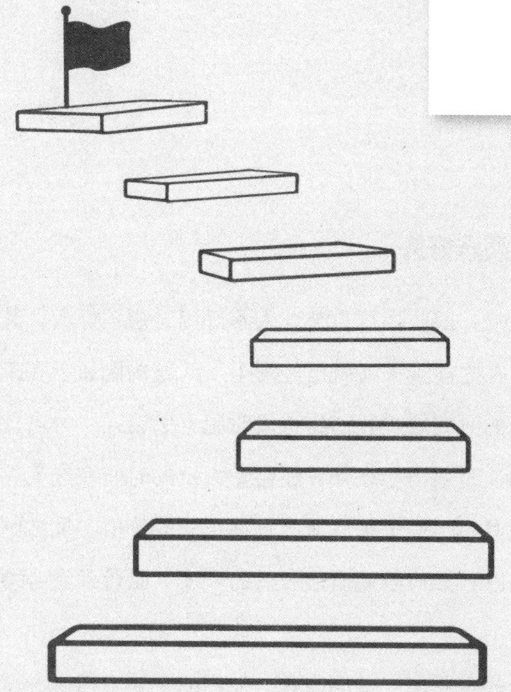

法则 10 识人要素

——什么样的人适合我们的团队

要想用好人，必须选好人

很多管理者经常感叹，团队执行力差，人不好用，用不好人。其实很多用人时的问题，在之前选人时就已经埋下了问题的隐患。在工作中我们常常花费大量的时间修正我们在选人时犯下的错误。一名优秀的管理者，除了在用人时很用心之外，还会花大量的时间在选人和找人上，如果你找的人对了，他进来后就会发挥正向的价值，反之则会发挥负向的价值。所以，如何辨别出最合适的人才，是管理者必须掌握的一项技能。

我们看到许多优秀的企业家或者创业者，他们的主要工作之一就是找人，找最优秀的人，如此他的事业就成功了一半。小米创立之初，雷军 80% 的时间都是用在找顶尖人才上。对我们来说，用好人的第一步就是选好人，选合适的人加入自己的团队。

选择合适员工的三大要素

如果你是一名合格的管理者，想一想，你在早期选人的过程中，是不是会思考下面这些问题：这个人是不是合适？这个人能力怎么样？这个人能不能留得下？这三个问题决定了我们前期选人时的思考。

具体到面试和考查一个人的时候，任何一个管理者在面试时都是在捕捉候选人的一些信息，并以这些信息作为自己判断的依据，进而决定是否给这位候选人 offer。这些信息的来源包括他的书面简历与他的口头沟通。

也许每一个面试都有差异，因为每个人都有差异、每个岗位的要求也有所不同。面试官在做出选择的时候，可以参考下面这些信息：

第一类信息：经验

也就是这个人过往的工作经验和能力。你可以在审阅他的简历的过程中和与他沟通交流中去衡量这个人过去的经验和能力，并判断他的经验和能力跟你现在所招募的岗位是否匹配。比如他有没有做过销售，或者有几年的技术开发经验。

第二类信息：学习能力

是衡量候选人的成长性，即候选人是否聪明，是否具备学习能力。

当候选人加入到公司并从事一些新的行业或者领域的时候，他能否快速适应、学习和成长，这对于那些行业发展速度比较快的公司尤为重要，因为未来是未知的，一名好的员工需要具备对未来的适应和创新能力。

第三类信息：文化契合度

是指候选人的文化价值观跟自己的团队或者公司的契合程度。这一点可能很多面试官都会忽略。但是，我想提醒你的是，这方面的作用现在越来越重要，特别是当职场人群以 90 后或 00 后为代表时，这种契合有时候甚至会超越工作内容本身。

选人三要素随时间和科技发展而变化

任何一个面试官在面试候选人的过程中，都或多或少通过这三个不同的方面和内容去捕捉信息，并以此作为自己用人决策的依据。可能你在过去的面试过程中并没有下意识地这么做，但某种程度上在做相同的事情。

我们知道面试需要考察经验能力、学习和适应能力以及跟团队文化的契合度这三个方面。我们还需要知道的是，我们在决定一个人选的时候，这三个大模块之间的比例并不是完全均等的。而且随着时间、行业、公司的变化，这三个部分的比例也会发生相应的变化。

比如，在 20 世纪 80、90 年代，企业在招人时最看重的一点是经验，面试时一定会关注这个候选人在这个职位上有没有经验。我们之所以这么看重经验，是因为那时产业、行业的变化是比较缓慢的，一个工种或者岗位的工作内容可能在 3~5 年甚至 5~10 年都不会变。

所以如果面试者在之前的公司做过这件工作，那就意味着他在新的公司里做同样的工作时可以得心应手。所以面试官会给予候选人的工作经验以 70% 甚至更高比重的关注度。而对学习能力的关注比例可能相对比较少，仅有 30%~40%。至于文化契合度则关注得就更少了，因为在过去，个体是完全依附于组织和企业的，人们具有很强的敬业度和职业尊崇度。

今天，随着时代的进步和互联网等高科技的飞速发展，这三个比重也在发生相应的变化。第一个明显的变化就是：第一类“经验”的价值在降低。虽然经验在这个时代也同样十分重要，但是它在三个类别之中的比重却明显降低了。这是因为企业随着自身的发展势必发生各种变化，甚至这个企业本身就是一个旨在创新的企业，或是一个崭新的创业企业。

所以，富有经验的候选人进入企业后，随着新产品和新业务的出现，他势必将处于一个新的环境，这导致他过去的经验可能仅在一段有限的时间里有效。所以尽管经验还有一定的重要性，但它的重要性却大打折扣，所占的比重可能从过去的 70% 降到了今天的 40% 到 50% 左右。

与此相对应，第二类“学习能力”的地位自然得到加强。因为我们都在面对着不断更新的行业和领域，我们在用人时必须考察候选人有没有不断学习的能力，有没有不断掌握新技术和新知识的能力。以人工智能为例，人工智能时代要求人们不断地接触最前沿的技术，不断地提升和改进思想，所以持续学习的能力是我们必须具备的。

第三类“文化契合程度”的比重也在增加。企业更关注候选人和公司价值观的契合程度。而个体，特别是90后人群会很在乎自己对这份工作的兴趣，自己同公司的文化价值观是不是互相契合。如果二者完美契合，那他们会在公司承担更多的工作并充满激情地付出和奉献。但如果二者相抵牾，他们则可能不会在这个公司有更多的作为。

选人三要素也取决于候选人的职业层级

除了行业和时间的差别之外，不同层级的候选人在这三个因素的比例也会有所不同。对于基层的员工，能力经验的比例需要关注，学习能力很重要；而对于高层的员工来说，通常经验和能力都不会存在大问题，因为这么多年的职业经历，确保了能力在一定水准，但是文化契合度就显得非常重要了。这也是我们看到很多企业在招募了能力非常突出的高管，但是他们进入企业后却发挥不了作用，很快就离职的原因。文化和价值观的契合度往往是在当事人可能都不知道的情况下慢慢地影响着人们的行为的。

我曾经在一家公司做顾问，在这家公司的人事信息中发现了很有趣的一个现象。这个公司的主管和经理在招人过程中偶然发现所录用的员工的星座中，有一类星座的比例非常高，超过了70%。而这类星座是和老板非常契合的星座类型。当人力资源主管去问老板的时候，老板说从来没有看过星座信息，本人也对星座不了解，竟有如此巧合。

从这里我们可以看出，人和人之间是有化学反应的，当看到价值观契合的人时，往往就会在面试中加分。在团队组建中，大家其实是有意无意地、有形无形地很在乎彼此的文化契合度、价值观契合度的。因为这是决定大家未来一起工作是否融洽，是否能够持续推进的一个非常重要的因素。

人和人之间是存在气场相互作用的，人和团队之间也存在气场相互作用。因此，在招募新人的时候，你必须判断候选人的价值观是否跟你的团队文化相契合，是否能给团队带来正能量。

当今的面试中有很多东西是看不见的。以前，我们可以通过很多东西直观地感受候选人是否适合我们的工作，比如通过他过去工作的领域、行业以及专业技能的考察。但今天，很多东西我们并不能直观地观察到，比如候选人认可的文化、所认同的价值观以及他和团队之间的化学反应。但这些元素在今天往往具有更大的意义和价值。这就要求面试官更有效地去捕捉这些方面的因素。一旦忽略了这些方面的因素，即使要候选人加入了公司，他也可能会很快地离开公司。

本节思考

你有选人的失败经验吗？思考一下是因为遗漏了上述哪些选人要素？

法则 11 团队矩阵

——了解团队成员，因势利导

高执行力的团队，意味着团队的结构是合理的。那什么样的人员结构才是更好的？一个团队的人员结构组成又是怎样的呢？

对于一个团队来说，我们可以从两个维度来看待我们需要的人员情况和组成。这两个维度分别是个人的能力和他对整个团队的忠诚度。

如果我们按照一个坐标来划分的话，就可以看到一个四象限矩阵，分别代表四类员工。为了方便大家更形象地理解和记忆，请大家在想这些象限的时候，想一下另外一个问题：在四大名著《西游记》的故事中，唐僧西天取经，一路艰辛，为什么只带了三个徒弟呢？请你带着这个问题思考这个思维矩阵。

从《西游记》看团队矩阵

首先我们来看一下第一象限，如图所示。这个象限员工的特点是能力很好，同时他也对公司和团队非常忠诚。这种人在《西游记》的团队当中，充当的其实就是孙悟空的角色。虽然在早期孙悟空对取经这件事情比较抗拒，但后期他对这件事情是完全忠诚和认同的。孙悟空的能力也是毋庸置疑的。所以，孙悟空在这个取经团队当中，既有很好的能力，同时又是一名非常忠诚的团队成员。作为团队的领导者，你一定非常喜欢这样的团队成员，这样的团队成员是多多益善。但是现实中并不能如愿。

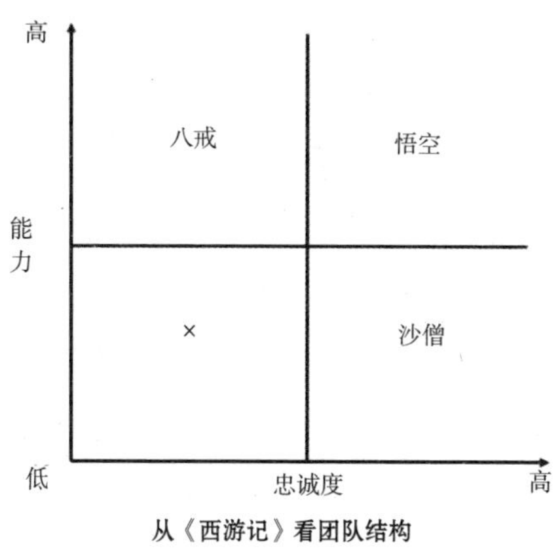

从《西游记》看团队结构

第二类员工，他们的能力不错，是你在开拓事业的过程中所需要的，但是他们的忠诚度有限，不是很敬业和积极。在《西游记》当中，那无疑就是八戒了。八戒的能力还算是不错的，他早期曾做到了天蓬元帅，但是他对西天取经这件事情的忠诚度是大打折扣的。因为只要一有机会，他的第一反应就是回高老庄。对于这种员工，其能力你是需要的，你需要依靠他的能力来实现团队的绩效，但是他的忠诚度却没有办法依赖。思考一下，在你的团队当中有没有这样类型的人物？这种类型的员工在团队中也必不可少，但他们同时也是让你平时最头疼的。

第三种类型的员工的忠诚度可嘉，但是他们的能力却非常有限。《西游记》当中这样的角色就是沙僧了。沙僧对师傅和西天取经这件事情是绝对忠诚的，但是沙僧的能力却非常有限，基本上每次跟妖精打他都会败下阵来。他经常说的两句话就是“大师兄，师傅被抓走了”“大师兄，师傅和二师兄被抓走了”。这样的角色在团队当中也一定存在，他们缺乏足够的能力，但是对团队忠心耿耿。

说完了三个象限，也说完了唐僧的三个徒弟。我们来思考：为什么没有其他人了呢？有人说：有啊，是白龙马。白龙马其实不算徒弟，只是我们在事业发展过程中需要借助的工具。那么在这个团队矩阵中最后一个象限的人到底是什么样的呢？我们看一下，这个人的特点是能力一般，同时他的忠诚度也很有限。仔细想想，当你看到这样的人的时候，你还会选择他们加盟吗？你会毫不犹豫地拒绝，不像前面的几类，悟空这种，你肯定毫不犹豫地要。八戒你很头疼，但是也需要他打打小妖。沙僧能力不够，但这样忠诚的人还是需要。

所以，在《西游记》这部著作当中，唐僧的徒弟只可能有这三种类型，而这三种类型其实已经代表了我们选人的标准和团队成员的结构。

如何管理不同类型的员工

那么问题来了，对于这三种不同类型的员工，你应该用什么样的方法和方式并管理并提升他们的执行力呢？比如悟空这样有高能力、高绩效的员工，最在乎的是什么？他们因为对于事业的方向和团队的方向有着清晰的认知，其实更关注自己能力的体现。所以对这样的员工，作为领导者，你需要做的事情是给他们足够的空间，他们很在意领导的信任。就像我们看到孙悟空在三打白骨精的过程中，正是因为师傅对他缺乏信任，所以他回到了花果山。

那么，像八戒这样忠诚度比较低但是能力又很好的员工该如何管理呢？其实老板内心是比较抵触这类员工的。如果你缺乏一定的胸怀，这种人其实很难在你的团队中生存。但是作为一个团队的管理者，你的目标是整个团队未来的方向。所以对于这样的员工你也需要用好。

对于他们，我们需要的管理方式在于最大可能地发挥他们的能力。其方式，就是制定短期的绩效目标，完成以后，就给予他们相应的激励或者奖励。但是，我们需要对这样的员工的行为设定底线，不能让他们越过这条底线，这是他们发挥能力的基础。

但同时我们对这种员工的提升也有另外一个方向，就是希望把他们培养成悟空类的人才。其实在《西游记》中，孙悟空早期也是这种比较顽劣的角色，但是唐僧通过紧箍咒这种类似底线的方式，慢慢把他转变成了一个对取经事业有着共同信仰的人。

第三类员工就是《西游记》中沙僧这样的人。这种员工在很多公司或者团队里面也很常见。他们在公司的表现兢兢业业，但是很遗憾他们并没有产生很好的业绩。所以我们曾经把这样的员工称之为大白兔。大白兔对于公司的价值其实很弱，有时候如果大白兔过多，就会对公司或者团队产生负面影响。因为他们所带来的业绩会让整个团队的文化产生不公平性。很多表现积极的员工可能因为这些大白兔的存在而感觉这个团队的文化缺乏鼓励和积极向上的精神。

所以对于大白兔这种员工，也就是沙僧这种员工，我们需要做的是：第一，给他们更多的培训甚至是换岗，让他们提升能力，能够从他们这个象限走到像孙悟空的象限。同时我们要警惕沙僧这种员工，如果他们对公司仅限于一种消极的认同，那我们对他们也要采取一定的措施，这需要管理者有判别能力。

在组织架构中，我们需要且仅需要这三类员工，对于这三类员工，我们应该用不同的方式来加以管理。这就是我们在团队搭建过程中所要关注的团队结构以及员工的类型。

本节思考

1. 你的团队成员如果分成上述三类，三者各占多少比例？
2. 你对员工的管理是否与他们的能力和态度相匹配？

法则 12 角色清晰

——用最简单的方法锁定责任

上一节我们介绍了一个团队的成员结构，好的结构可以带来执行力的提升。其实影响执行力提升的还有一个因素，那就是团队成员的角色。我们来看一个例子。

一家公司的销售总监召开了一个会议，针对的问题是华东地区如何在这个季度完成 1000 万的销售额。在会议中大家详细讨论了产品功能、营销、定价策略、渠道策略等一系列的内容。从过程和内容上来看，这是一个卓有成效的会议。但是过了一周后，销售总监并没有看到明显有进展的迹象，于是就去问销售副总 A，A 这时候一脸茫然地问，这事是我负责的吗，应该是华东区的老大负责吧？销售总监又去问小 B 关于渠道的工作，小 B 说这件事应该由集团市场部小 C 做啊。最后，销售总监发现这件事情和一周前开会时的状态一样，没有任何进展。

问题出在哪里？可能你一眼就看出来了。显然在这个工作中，大家对于各自该负责的工作完全不清楚，这其中有员工个人的问题，也有管理者的问题。在这个案例中，虽然我们看到有职位上的角色，比如销售副总、营销经理等，但是对于事情本身的完成过程，却是缺乏清晰的角色分工的。在职场，这样的场景每天都在发生，想想你是否也有这样的体验呢？

如何才能减少上述的情况发生，让团队角色更加清晰，工作执行得更加高效呢？这里要介绍一个很好用的方法：RACI。

什么是 RACI

RACI 是由四个英文单词的首字母组成的，这四个单词分别是：

R，代表 Responsible，是负责的意思，指这件事情由谁来做，谁对这件事情的执行负责任。

A，是英文单词 Accountable 的首字母，指谁对这件事情负全责。

C，是英文单词 Consultant 的首字母，指谁有义务为这件事情提供咨询。

I，是英文单词 Inform 的首字母，指这件事情的结果需要及时告知谁。

如何正确使用RACI法则

RACI 工具是一个非常实用且有效的职责分工工具，它可以帮助我们定义成员的角色和职责。RACI 的主要目的是消除角色责任混淆，能够成功地实现项目的完成或是产品的交付，也为组织的长期目标作出了贡献。比如我们回到上面那个例子，用 RACI 来解决，在这个工作中，我们可以清晰地看到四个不同的角色。

例如华东地区的销售老大要完成 1000 万的销售业绩，所以他扮演的是 R 角色，即负责执行的角色。但是这 1000 万最终的结果还是由销售总监来扛，所以销售总监虽然没有直接去执行这个工作，但是他要对这个任务的最终结果负责任，也就是 A 角色。销售部门在执行这项任务的过程当中，可以向财务部、产品部或技术开发部咨询。这些部门在这项任务执行中扮演的就是 C 角色。它们有义务在销售过程中提供相应的支持或帮助。

最终这个任务的完成，需要告知其他相关部门，第一是市场部，第二是总部的销售数据采集部门，我们要把信息及时告诉他们，所以这些部门的角色就是 I 角色，即信息被告知的角色。我们可以看到在这个任务的布置过程中，通过 RACI 这样的工具，每个部门或者个体就会清楚各自在这个工作中所扮演的是什么角色，以及应该履行的是什么样的工作职责。这样一周过后，相信这个工作一定会有相应的进展，即使没有进展，或者存在问题，销售总监也可以很容易判断出问题出在哪里。

RACI法则在哪些场景下适用

RACI 是一个可以确定项目元素的工具，为不同部门和个人的协作提供了共识，能够清楚说明“谁做，做什么，何时做”。这对提升项目的工作的效率以及成果质量相当有益。RACI 使得角色的定位和未来期望保持一致，这样就能让参与项目的个人行为变得可预测，也更有成效。

此外，RACI 工具可以帮我们看到的不仅仅是任务的角色，还有整个组织架构中存在的问题。某个工作缺乏 A 和 R 的角色，这个任务将没有人去承担责任；同样，如果一个工作有两个 A 或者两个 R，也会发生职责不清的问题，也就是三个和尚没水喝的状况。另外，当我们看到某个人扮演了太多的 R 和 A 的角色时，这说明公司权力可能太过集中，这个人肩负的任务可能太多，这种情况对于企业和组织是有风险的，我们应当让这个人去做一些相应的授权。比如我们在一家传媒公司应用 RACI 的时候，就发现他们其中有一个高管担任了多个项目的 A 和 R，同时还担任了业务前后端的 A 和 R，也就是他可以独自把控整个业务的洽谈和交付，这其实给企业带来了极大的风险。

RACI 的方法如此简单有效，它还可以用在哪些场景呢？下面的情况都可以通过 RACI 来解决，如：

（1）项目的权责不明确，分工不清晰，从而导致任务执行不畅和决定失误。

（2）工作延迟甚至不能完成，个人或部门的工作负荷不平均，需要分析情况调整状态。

（3）沟通不顺畅，部门之间或个人之间矛盾尖锐，争吵激烈。

（4）人员组织发生变化，为了避免主要的工作进度受到影响，需要尽快安排好岗位和人员分配。

（5）需要执行目前项目之外的任务时，要确保额外的工作内容能够弹性分配，与日常例行的工作不会发生不可调和的冲突。

RACI的价值

我们再来梳理一下 RACI 给我们带来的价值，通过 RACI 的方法我们可以做到：

1. 明确整体目标

在项目开始时创建 RACI，可以帮助管理人员或是负责人明确未来的目标。参与项目的人员能够清楚地了解到自己需要完成哪些工作和任务，以及从何时何处入手。同时，通过 RACI 的结构设定，可以了解到谁是任务的最终负责人，减少责任和定位的混淆。

2. 减少冲突

授权是项目经理重要的工作环节，项目参与人员众多，如何避免人员发生矛盾和争斗？通过 RACI 的分工，不同部门和个体之间的分工比较明确，就能更加清楚彼此的职责范围和交付责任，能够减少由于信息不对等出现的不了解、不信任。一旦出现合作方面的问题，可以根据双方情况及时调整，减少矛盾和冲突。

3. 使得人力结构清晰化

根据整体目标将任务细化后，就可以知道完成一个项目需要多少人力，在哪些环节需要人力支持，这样可以防止出现人员冗余或是人员不足的情况。对于一个项目来说，人力资源的分配也是非常重要的，RACI 可以帮助我们将人力结构更加清晰化、完整化。

4. 合理分配工作量

当任务安排好后，每个环节需要用到多少人，每个人要承担多少责任也会变得很清楚。刚开始可能会出现人力分配不均的情况，但我们可以根据 RACI 的图表找到人力分配不合理的地方，调整每个人的工作安排和任务量，防止个体任务过量或任务太少的情形出现。

5. 帮助员工更好地投入工作

当你将每一个员工的工作和责任安排好之后，就能降低对项目的执行和流程的混淆程度。反过来，这也可以帮助员工减轻压力，更好地让他们投入到工作角色中去，因为他们已经确切地知道了自己应该负责什么，不需要考虑什么，尽而可以全身心去做自己的事情，而且也不用担心需要支持和帮助时，没有人给他们提供。

使用 RACI 法则让工作的职责更加清晰，在不同的时间周期里，管理者知道要向谁去了解任务的推行情况，以及当这件事情最终没有完成时，其中产生的问题是出在哪里。同时团队每个成员也会清楚地知道自己在这个任务当中的角色，从而培养了整个团队的角色意识。这样就会让我们工作的执行效率大大提升。

本节思考

1. 你曾有过因为角色不清晰导致执行不畅的经验吗？
2. 在下一个需要团队合作的工作中尝试运用一下 RACI 思维。

法则 13 属性法则

——掌握员工性格，发挥其特长

这个小节的内容和心理学相关。我们基于一些假设，每个个体或者每类个体都是不同的，不同类型的人有他们最适合的工作类型或者内容。作为团队管理者，要发挥个体的价值和提升执行力，就要知道个体是什么样的人，然后因材施教。

比如，你是一个团队的 leader（领导者），你招了新人加入，然后安排她做文案的工作。过了一个月，她告诉你，她天天坐在那里写文案，想死的心都有了。然后，你给她换了一个外联的岗位，这下好了，这个人好像一下子活过来了，工作充满活力，像打了鸡血一样。

同样，你在公司里跟有些人合作或者相处感觉很顺畅，但是和有些人就有些不对路，没有一点化学反应。

你有没有思考过这种现象的本质原因？其实，每个人都有自己的性格特征。

不同的性格在某些时候决定了一个人待人处事的方式和态度，和其他人会有怎样的化学反应，在职场中的表现如何等。虽然性格不能完全决定一个人的成败，但是确实在一些关键时刻起着至关重要的作用。

如果你想和对方合作，或者让对方发挥出最大的能力，那你一定要清楚认识对方的特点，做到知人善任。

同时，除了对他人的认知外，也包括对自己的认知，比如你在做职业选择和职业规划的时候，也要考虑自己的性格特征。如果自己是一个喜欢安静、享受独立工作的人，那么自然就要排除掉那些需要频繁社交的工作。

这就是我要为你介绍的属性原则。属性思维是指，在职场中，在生活中，每个人都有自己的性格特征。你必须清楚地了解每一个人的属性特征，然后根据属性偏好，把他放在最合适的岗位上，或者以最优的方式与之互动，这样才能最大化发挥这个人的特长，让他找到最舒适的区域。

人的属性分类有很多种。在职场中，我们有一系列专业的方法用于分析了解人们的性格特质，以找到最适合他们的工作类型和内容。你需要做的就是通过对一些专业的性格测试结果的了解，去洞悉和判断与你合作的人的属性。

性格测试最早见于第一次世界大战时，在军队中被用来预测哪些士兵容易罹患“炮弹休克”。

在随后近百年的发展中，性格测试被无数公司用于人员的招聘与提拔，最具影响力的性格测试包括始于1942年的MBTI、始于1930年的DISC，以及后期诞生的五大人格模型、霍兰德职业兴趣量表等。

每一种性格的测试都有它独有的特点。比如我们来看一下目前在全球范围内使用最广泛的测试工具：MBTI。

MBTI是1942年美国心理学家布里格斯和迈尔斯母女根据瑞士心理学家荣格的性格类型理论构建的，经过几十年的研究和发展，MBTI已经成为当今全球最为著名和权威的性格测试方法。

这种理论可以解释为什么不同的人对不同的事物感兴趣，擅长不同的工作，并且有时人与人之间不能互相理解。在世界五百强企业中，有80%的企业有MBTI的应用经验。

这个模型从外向或内向、感觉或直觉、思考或情感、判断或感知四个维度和两种倾向将人的性格分为16种类型。这四个维度分别是：

第一，从人们倾向于将心理能量集中在外部世界还是内部世界的角度，可将人格分为外倾型（Extroversion，E）和内倾型（Introversion，I）。外倾型的人较多关注外部世界的人和事物，他们的心理能量是来自外部的，他们喜欢通过对话的方式沟通，喜欢社交和表达；内倾型的人则倾向从内部获取心理能量，他们喜欢反思，不喜欢与人交流，喜欢独处，兴趣不广泛但比较执着。

第二，从人们如何获取信息的角度，可将人格分为感觉型（Sensing，S）和直觉型（Intuition，N）。感觉型的人倾向于通过感觉器官获取存在的信息，而不依赖于理论上的解释，这种人相信自己所看到、听到和触摸到的，他们通常有敏锐的观察力，注重具体细节，比较实际；直觉型的人往往依靠直觉来获取信息，关注事物背后的可能，喜欢寻找事物发展的可能性，他们想象力丰富，富有创造性。

第三，从人们如何处理信息和做出决策的角度，可将人格分为思考型（Thinking，T）和情感型（Feeling，F）。思考型的人处理信息和做出决策时依靠的是事实和逻辑，擅长逻辑思维、客观分析，不以感情为转移，理性公平；情感型的人对于别人的情感很敏感，喜欢权衡事物对自己和他人的价值和意义，在决策时过多考虑人的因素而不是客观事实，具有同情心、理解力。

第四，从人们对待外部世界的方式上，可将人格分为判断型（Judging，J）和知觉型（Perceiving，P）。判断型的人喜欢用判断的方式对待外部世界，他们生活得有计划、有秩序，他们擅长使用系统、有组织的方式来解决问题，做事有条不紊，有计划、有目的；而知觉型的人喜欢灵活，会随着信息的变化调整工作目标，喜欢用感知的功能来对待外部世界，他们容易冲动，适应性强，对事物的变化持开放态度。

MBTI 的 16 种类型的人格中，不同类型人格特征的人适合不同类型的工作。我们看几个有代表性的：

ESTJ，这种类型的人讲求实际、具有逻辑性、好分析、处事果断，可承担责任，并快速做出务实的决定。这种人适合严谨的职业，如律师、管理者。

ISTJ，这种类型的人具有严肃的态度，喜欢让生活和环境井然有序，对细节也一丝不苟。他们为人真诚，有责任感，工作确保质量。这种人适合会计、审计这样的工作。

ESTP，这种人愿意积极与身边的人互动，喜爱社交活动，是亲身实践的学习者。ESTP 是所有类型中最擅长影响他人的人格类型。这种人适合推销、销售类的岗位。

ENTJ 类型的人属于领导者，苹果创始人乔布斯、特斯拉 CEO 马斯克（Elon Musk）都是这种类型的人。他们非常实际、逻辑性强，善于从事需要推理和用脑的工作，是天生热心坦诚的领导者。他们能够快速地看到不合逻辑和低效率的产品和策略，通过建立整合策略来解决组织架构的问题。该人格类型约占人口的 1.8%。

INTJ 类型的人是策划者，他们是 16 种人格组合中较稀少的类型，被称为“系统建造者”，具有特殊的特质组合——想象力和务实性。他们寻求以全新的角度或创新的方法来看待事物，对自己的想法和目标非常投入和坚定。在面对相反的意见时，他们通常持怀疑的态度。他们是所有性格类型中最具独立性的。

对于管理层来说，通过性格测试可以按照不同人的属性合理安排岗位，或是寻找合适的人才。比如，需要每天和不同客户打交道的销售岗位，通常较为外向即 E 型的人更为合适；从事科研工作的研究岗位，具有想象力和创造性的 N 型人比较合适。

当然，要注意的是 MBTI 测试是作为参考和辅助的，并不能作为人才抉择的唯一判断标准。一方面，由于测试是根据测试者自己的回答来定结果的，所以有可能在一些问题上他们的回答是偏向主观性的；另一方面，某些职位的合适任职者并不是只有唯一类型的。比如作为老师，亲和力强又有幽默感的老师会受到学生的偏爱，但是严肃认真、教学能力突出的老师也会受到学生的爱戴。如果只以 MBTI 作为衡量标准，会失去一些优秀的人才。另外，属性不同只是代表性格作风的不同，并不是衡量人才优劣的标准，没有高下之分。属性是了解每个人风格倾向和性格偏好的工具，在了解一个人的时候，除了性格，还要看到他的应急反应和人格魅力等方面的因素。

通过运用属性思维，你可以做到两点：一是了解自我，扬长避短，实现自我突破。二是知人善用，人际和谐，争取事半功倍。这将是推动执行力的重要因素。如果希望做测试的话，MBTI 有很多在线测试的网站可以进行测试。

本节向大家介绍了之所以每个人在职场或生活中表现出不同的状态，是因为他们有不同的属性特征。还介绍了辨别性格的工具，其中重点介绍了 MBTI。MBTI 是了解一个人属性的起点，而不是终点，但是它确实能够帮助我们看到自己或他人在生活和工作中的处事方式和态度为什么不同，这是它的价值所在。

本节思考

1. 你了解自己和团队成员的性格类型吗?
2. 你现在所从事的工作和你的性格匹配吗?

法则 *14* 猴子法则

——提升员工的责任意识

团队成员有执行力，一个很重要的前提是要有责任感，他要能意识到团队对他的要求是让他 Get Things Done，即做事要有结果。但很多时候员工的责任意识比较差，甚至经常把应该自己承担的责任转嫁给自己的领导。这样会严重影响工作的执行效率和进度，有时甚至会影响整个团队的执行进度。

因为对于管理者来说，时间管理非常重要。管理者不仅需要完成自己的工作和任务，还需要花时间去管理下属、指导下属，帮助下属去解决他们搞不定的问题。很多管理者一个工作日里几乎没有停歇，但是到了下班时间仍会发现还有很多事情没做完。

有时候，管理者看到下属交上来的问题，总会这么想：

“这么简单的问题都不会？算了，还是我来吧。”

“还没我做得快呢，我赶紧把这个做好吧。”

“我给你框架，你就往里面填就好了。”

于是不经意间，下属的问题就转移到了管理者的身上。

【案例】**小周的一天**

小周是一个营销团队的组长，已经任职一年多了。刚开始以为当了组长，只要负责团队整体的营销规划，而且又不用负责执行，应该不会比以前忙多少。

结果，事实证明，这种想法是和实际背道而驰的。小周升职后，加班的时间比以前更多了。因为他之前很擅长做品牌营销，组里接到新的营销任务后，成员有不明白的地方都喜欢问他，刚开始他也很乐意给成员提供指导，但后来发现有些事情慢慢地转移到了自己的身上。

比如小周的一天是这样度过的。早晨刚进公司，就有个成员小 A 拿着昨天写好的策划方案初稿来找他，希望他能给点意见。小周看了看手上的方案，觉得自己对这个活动的了解还是太少，没办法轻易下结论，于是告诉小 A，等自己详细了解一下后再给他答复，于是小 A 就先走了。小周的时间就这样被占用了半小时。小周回办公室做了一些自己的工作后，开始研究小 A 拿给他的策划方案，1 个小时很快就过去了，小周写好建议后发给了小 A。

到了下午，小周约谈另外三个员工，确认一下策划的推进和执行，三个人又提出了一些问题给小周，希望他能帮忙解决。于是小周身上又担了三个人的问题。等到下班的时候，小周发现还没有给那三个员工解决问题，如果不及时给出回复，会影响第二天的策划推进，于是他不得不加班，抓紧时间去写解决方案。

一天结束后，小周感觉异常疲惫。但是这样的工作模式每天周而复始，小周却找不到问题症结所在。

想一想，你有没有遇到过这种情况：员工没什么事情做，但是你却特别忙。对于管理者来说，下属的问题变成自己的问题，自己的事情已经够忙的了，还要额外承担整组的事情。这种无可奈何的“大包大揽”成为很多管理者的纠结所在，员工的问题不能不管，可确实是管不过来。该如何解决这样的问题呢？这就是本节我要向大家介绍的方法——**猴子管理法**。

猴子管理法则是由威廉姆·翁肯 (William Oncken) 发明的一个有趣的理论，这一概念在 1974 年哈佛商业评论的一篇文章中被首次提出。这个法则的意义在于指导管理者和员工处理问题的方式和态度。所谓的猴子，其实指的就是“责任”“问题”。本来应该下属自行完成的工作，但是因为下属自己的原因，逃避了责任，将自己的“猴子”交给了上司去打理。这种情况一旦堆积起来，就会大量占用管理者的时间。

猴子管理法则的目的在于帮助管理者确定，让适当的人选择适当的时间，用正确的方法做正确的事。身为管理者，要能够让员工去抚养自己的“猴子”，这样自己才有足够的时间去做规划、协调、创新等重要的工作。很多人只是单纯地觉得是自己的工作多，但是却没有去判断哪些是自己的必要工作，哪些是可以删减和避免的。实际上，员工的“猴子”跳到你肩膀上，是从你答应接手员工问题的那一刻开始的，从你开始倾听员工问题的时候，你可能已经下意识地想要把一部分责任揽到自己身上。

如何更好地管理“猴子”

威廉姆·翁肯在其著作《管理时间：谁有猴子？》中写道：“在接受猴子的时候，经理已经自愿担任下属的下属职位。”当管理者答应员工帮忙解决问题后，肯定是想把这件事情做好，员工的求助让管理者觉得自己有责任给出一个完美的答复，于是渐渐地，员工背后的“猴子”就稳稳地抓住了管理者的肩膀。员工对管理者的依赖性就演变成一种管理者对员工的“宠溺”，长此以往，管理者会慢慢变得不堪重负。那该如何解决呢？

如果你想管好“猴子”，可以参考以下几个建议：

（1）“猴子”只能通过预约喂养。不要主动去解决下属的问题。下属有问题需要提前和你约谈，而不是在走廊上遇到你就可以直接获得帮助。

（2）“猴子”应该被喂食或射击。尽快让一个问题获得解决或是直接消灭它，不要让它耽搁下去使得事态发酵，这样会浪费更多的时间。

（3）“猴子”数量应保持在管理者有时间喂养的最大数量之下。给自己设定一个时间，在这个时间范围内向下属提供帮助。

（4）“猴子”应该面对面或通过电话喂养，但绝不能通过电子邮件。面对面谈话或是电话通话的方式虽然有些花费时间，但是有相互的信息反馈。通过邮件，通常很难获得这种反馈，管理者最终为了方便，还是会直接给出答案，员工就很容易认为自己搞不定的事情总有领导兜底。

（5）每只“猴子”都应该有一个指定的下一个喂食时间和一个商定的解决方案结果和日期。工作任务的责任划分清楚后，要在确定的时间节点前，给出相应的推进结果。用时间来要求员工自己促进任务的进展，而不是依靠别人的帮助。

如何避免承担太多“猴子”

管理者要避免自己承担太多员工的“猴子”，就要记住以下几个原则：

1. 学会让员工自己做决定

员工将问题提出后，管理者总能给出一个直接的解决方案，不需要员工自己再去动脑，直接拿了答案就可以用。久而久之，这种沟通方式就会变成一种习惯。想要摆脱这种困境，就要求管理者不要急于直接给出答案，而是给出一些选择或提示，先让员工自己去做判断和决定。

可能这种方式会有些麻烦，但是成了习惯后，就可以培养员工独立决策的能力，之后即使再有问题，他们也会先尝试自己去思考解决。比如你可以问下属，你认为这几种方案各有什么优缺点？哪个方案适合我们目前的状态？通过这种引导，来鼓励员工自己思考，做出决定。

员工有责任去提高自己解决问题的能力，并学会自己解决问题。这个训练过程可能有些费时，但相比起最终获得的效果，这些时间是值得的。

2. 开会要出决定，而不是问题

会议是一个明确责任，推动执行结果的好机会，但很多时候，会议都是低效的。会议前定好的问题，在会议中商讨提前准备好的解决方案，最后却提出了更多问题。

每次会议都应该有一个非常明确的方向。在管理者帮助团队成员解决问题时，问题一定不能转移给管理者。开展会议的一个重要实用的基本规则是：在没有提出可能的解决方案的情况下，没有人可以给我带来其他的问题。

在会议结束时，问题还应该属于员工的责任。员工可以随时寻求帮助，并就接下来执行的事情以及由谁负责作出共同的决定。但这个决定不再是由管理者独自作出的。

3. 合理安排工作时间

管理者可以对自己的工作时间做三个模块的划分。

第一，用于公司交代给这个职位必须完成的工作时间。

第二，按照工作要求和需要，必须用来支持辅助下属和同事的工作时间。

第三，自由裁定工作时间，这中间就包含帮助下属解决问题的时间，但是管理者主要还是起到调节和监督的作用，而不是代替下属解决他们的问题。

前面两块时间是每天必须要花费的，但是第三块时间，也就是自由裁定工作时间，是可以根据每天的工作情况灵活安排的。而这块时间也是要求管理者尽量去减少的，不要花费过多的时间来亲自解决下属的困惑，不要总是想着自己可以做得更好，所以就自动揽下下属的工作。

工作总是在增加的，如果一味地给自己增加负担，总有难以负荷的时候。最终导致的结果就是，你成了那个最累、最忙的决策者兼执行者，而员工则有了空闲的时间，来监督让你帮忙的事情进展到哪一步了，是否可以交付成果了。

本节思考

1. 你的组织是否有管理者忙不过来而下属很悠闲的情况?
2. 想一想，如何利用猴子法则帮助自己提高工作效率。

法则 15 快刀断根

——不让负面气氛蔓延

如果一个团队缺乏好的执行氛围，或者有个别人的工作方式影响整个团队，我们该怎么做呢？这一节我们来看一下如何处理这种影响执行的问题。

请先思考一下，如果你把一杯美酒倒进一桶污水里，你得到的是什么？是一桶污水；那反过来，如果你把一杯污水倒进一桶美酒中，你得到的又是什么？还是一桶污水。这被称为美酒与污水定律。污水和酒的比例并不能决定这种东西的性质，真正起决定作用的是那一杯污水，只要有它存在，再多的酒都会变成污水。

同样，还有一个现象被称为“烂苹果理论”。比如你有一箱苹果，如果其中有一个苹果有些变坏、变烂，用不了多久，这一箱苹果可能都会变烂。因此，一个组织里如果有问题成员存在，就会对整个组织产生巨大的影响，可能会引发意想不到的后果。污水和烂苹果的可怕之处在于它们的破坏力，一个正直能干的人进入一个混乱的部门可能会被瞬间吞没，而一个无德无才者也会很快把一个高效的部门变成一盘散沙。

组织的系统往往是脆弱的，它很容易被侵害被毒化。破坏者能力非凡的一个重要原因在于，破坏总是比建设容易。比如，一个能工巧匠要花费数日精心制造一个瓷器，然而一只老鼠一秒钟就可以将其毁坏。如果一个组织中有这样一只老鼠，即使组织里有再多的能工巧匠，也无法确保组织的成长。这就是人性的弱点，要学好需要一生的努力，要变坏却只需片刻。

组织中一旦出现这样负面的影响执行的员工，管理者要做的就是有决断力。关于用人和开人，有句话是这样说的，Hire Slow，Fire Fast，意思是，招人的时候要慢慢地精挑细选，但是决定开人的时候，要手起刀落，绝不留情，快刀斩乱麻。

为什么开除员工时要果断

有些公司和团队很少主动解雇员工 。这样的做法虽然表面上显得很仁慈，但却是一种虚伪的仁慈。因为对那些表现不好的员工展现出宽容，也就意味着你对那些表现优秀的员工的忽视。这样的行为一定会影响到其他团队成员，他们心里会认为反正表现好坏都一样。所以，好的团队管理者不是从来不开除员工的管理者，好的团队一定是有 2、7、1 区别的团队，其中 10% 的末位成员是必须被驱除出队伍的。

解雇员工除了因为个人行为外，有时候也是公司战略止血的必然行为。当年阿里在互联网泡沫破灭的时候，关闭在全球范围的多个办公室，这样的裁员止损很残酷，但是为了公司整体的发展，断臂也是必须进行的。只是这样的断臂一定要考虑处置方案的合理性。如果想要成为一名优秀的管理者，一定要经历开人。没有开过人，不代表你团队管理得好。有些管理者在开人时会有顾虑，觉得开人有些不仁道，对不起员工。

但其实这个时候你要考虑的是更大的价值，即你们这个公司或团队的整体利益和价值。如果你不开除个别不良分子，那造成的影响和后果就是整个公司的利益受损。如果开除个别人，虽然你内心上过不去，但却是在做一件更有意义和价值的事情。

什么样的成员需要被解雇

通常来说有这样几类员工需要解雇：

第一类，按照团队矩阵的内容，那些低忠诚、低能力的成员，毫无疑问是要被开除的。

第二类，在高能力、低忠诚的员工中，如果员工突破公司的底线，屡教不改，也是要被开除的，比如持续诋毁公司的产品，影响其他成员状态，不诚信等。

第三类，忠诚度可以，但是能力一般的成员。这样的成员其实是比较难处理的。首先我们要给予他们更多的培训，让他们获得提升。但是如果某些成员缺乏积极心态，成为大白兔，这时候，我们就需要谨慎了。这种人在重要岗位，不产生价值，但是开除会影响其他成员对公司的看法，因为这些人平时表现还算可以。所以对这样的人的操作方式，最好先考虑换岗，再考虑解职。

在淘汰和开除的选择中，要综合考虑能力和价值观的选择。如果是能力的问题，我们可以考虑给员工提供更多的培训和学习的机会，让他们可以跟得上队伍。但如果是价值观和思想上的问题，那就只有毫不留情地开除了。

永远要记住，作为一个优秀的团队管理者，你的目标是整体，只有整个团队前进才是有意义的。这是因为负面的情绪是会传染的，表现不好的成员，他们的行为影响的不只是个体。当他们与团队或者公司成为对立面时，他们的情绪或者观点就会很极端而且负面，这些情绪会影响更多的人，这样的负面影响需要更多的正面信息来挽回。

所以，一旦我们看到成员不合适，就要第一时间通知他们离开团队，不要让他们的行为影响他人。因为一个团队内部的氛围取决于那个素质最低的员工。要想成为优秀的公司，就一定要有严格的制度和手段。

比如推崇“狼性文化”的华为公司就非常重视员工的干劲，他们提倡能上能下的人才管理机制。其中最突出的就是末位淘汰制。任正非在华为公司推广干部选拔制时强调：“我们继续坚持以客户为中心，以奋斗者为本的文化价值观。不奋斗我们就没有出路，华为一定要前进，前进就要让那些不适合的干部调整到合适的岗位上。我们对十二级及以下人员的考核做了改变，是绝对考核，但对十三级及以上的奋斗者，我们实行相对考核。特别是担任行政管理职务的人，我们要坚定不移地实行末位淘汰制，不淘汰你就会得到更多的利益，我们不能让你坐享其成。责任和权力、贡献和利益是对等的，不可能只有利益没有贡献。”

在任正非看来，不合格的干部一定要撤换，决不能养尊处优，要毫不留情地淘汰任何一位想以熬年头来取得胜利的高层管理者。唯有这样才对得起那些兢兢业业的奋斗者，以及不断为公司创造更多价值的贡献者。有人批评覆盖各个层级且淘汰率高达 10% 的华为末位淘汰制太过冷酷，不够人性化，让员工战战兢兢。但按照华为“以奋斗者为本”的理念，末位淘汰制恰恰是为了淘汰那些不优秀、不努力的人，以便保护优秀员工的奋斗热情。只有这样的淘汰文化，才能保障华为在市场的领导地位。

给管理者的建议

第一，要做到知行合一。单单知道这些用人的策略是不够的，还要学会在实际工作中运用，期间获取的感悟，也可以让你对这些知识有更深刻的领会。

第二，我们在使用任何一个攻略和方法的时候，不能简单套用，而一定要考虑自己所处的环境、角色和对象，也就是要注意情境管理。一个方法是否好用、适用，是和情境息息相关的。你可以根据你所处的情境对这些方法进行微调，找到最适合你团队和组织的方法。

本节思考

1. 遇到团队中个别有负面能量的员工，你是如何处理的？
2. 你有解雇部门员工的经验吗？

第四章

激励是高执行力团队最有效的管理方式

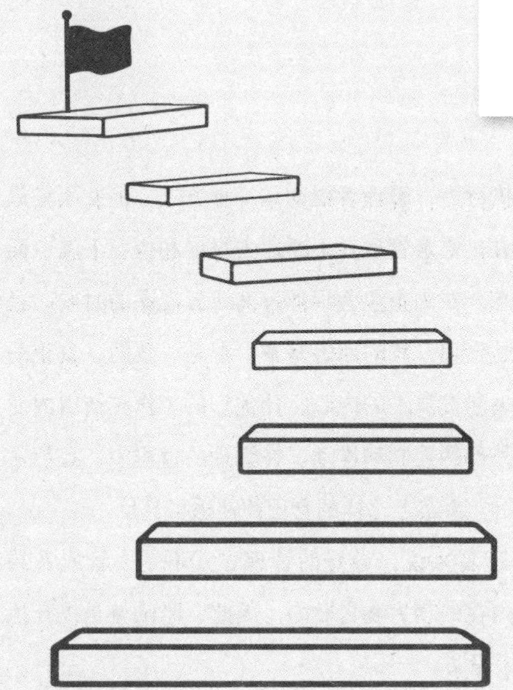

法则 16 激励管理

——管理的本质是激发人的潜能

要驱动团队成员的执行力，管理者推动是一种方式，但并不是最好的方式。因为这样的方式要求管理者不断地去督促和指导下属，而下属却是处于被动的状态。在为企业做管理咨询或者授课的时候，经常会有人问我到底什么是管理，我的回答基本上都是一致的，真正的管理就是没有管理，是去激发员工的内心，让他们的工作热情由内而外地驱动，而不是来自外部的控制和推动。在管理的过程中，我们常常过多地强调约束和压制，事实上这样的管理往往适得其反。

对于一名优秀的管理者来说，最好的管理方式不是去管或者约束，而是激发团队成员内在的动力和自驱力。因此，激励就是提升执行力的一种非常重要的手段了。

如果人的积极性未能充分调动起来，规矩越多，管理成本越高。聪明的管理者懂得在“尊重”和“激励”上下功夫，了解员工的需要，然后满足他们。只有这样，才能激起员工对企业和工作的认同，激发他们自发控制，从而变消极为积极。

因此，对于管理者来说，掌握激发他人的能力是非常重要的。你的下属如何才能充满活力地为整个集体工作付出？除了有清晰和激动人心的愿景之外，还需要一系列有针对性的有效激励才行。

作为管理者，要相信下属的能力是促使奇迹发生的根本所在。卓越的管理者之所以能够激励追随者创造高业绩，是因为他们强烈相信其能力，认为他们能够完成具有挑战性的工作。你在对他人说“我知道你能够做得很好”和“你永远都不可能做好”的时候，你已经给出了判断，人们会根据你的判断来表现。

社会心理学中有一个“皮格马利翁效应”，这个效应源自一个希腊神话故事。

传说塞浦路斯有一位擅长雕刻的国王，名叫皮格马利翁。由于一出生就被母亲抛弃，又遭遇初恋情人的背叛，皮格马利翁发誓终生不娶。然而有一天，他雕刻出了一位出现在梦中的少女，并且被自己的作品深深打动，爱上了少女雕塑。他将自己的全部心血倾注在少女身上。最后，这份爱打动了爱神阿芙洛狄忒（Aphrodite），爱神赐雕像以生命，皮格马利翁终于得以与梦中情人结为夫妻。后来，人们把这种当我们对某件事情怀着非常强烈期望的时候，所期望的事物就会出现的效应称为“皮格马利翁效应”。

随着心理学的发展，有两位心理学家在此基础上做了一个有趣的实验，并最终验证了这种效应的存在。1968 年，在加利福尼亚的某所小学里，心理学家罗森塔尔和雅各布森给同学们做了一场智商测试。测试的结果并没有向任何人公开。接着，两位心理学家在参与测试的同学中分年龄段随机抽取了一些，组合成一张“高智商学生”名单，并将这张名单交给校方与相关老师。他们谎称名单上的学生有更高的天赋，能够有更好的发展。

八个月后，罗森塔尔和雅各布森又来到了这所学校，再次为所有同学做了一次智商测试，而这次他们发现，在“高智商学生”名单上的同学较名单外同学的测试结果均值有明显提高，其中以一二年级的同学进步最为显著。并且，这些同学在日常的学习生活中，方方面面都表现得更加优秀。由此可以看出，内心的期望和认同起到了很大的作用。

如何更好地激励员工

这样的效应同样可以用在职场和生活中。一名好的管理者，一定是一个出色的激励者。但为什么有些人的激励手段很有效，而有些人的却起不到作用呢？其中的差别何在呢？其实激励是讲究方法的，我给大家六点建议：

1. 充分理解你要激励的对象的真实需求是什么

人类需求的类型至今还是沿着马斯洛的需求金字塔的路径，从最基本的生存需求，向最高层的自我实现发展。管理者只有清楚了激励对象的需求，这时候给的激励才是最有效的。比如你的团队成员在乎的是职位的升迁，而不是奖金，那么，只是奖钱能起到的激励效用就会很有限。要找到关键的激励因素进行激励。

2. 要向你的团队成员表明，你是完全相信他们的

只有团队成员成功感受到他们是被完全信任的，他们才会不断努力前行，信任会让人产生许多想象不到的神奇力量。你要让你的追随者有一种胜利者的心态，他们才能获得胜利。这时候你需要做两件事：首先，你要相信你的团队成员已经是胜利者，而不是在未来某个时刻。其次，如果你希望他们成为胜利者，你必须以对待胜利者的方式同他们交往。不只是谈话的内容，还包括语调、姿势、手势和面部表情。你要积极地帮助他们，分享信息，为他们提供足够的资源。

3. 明确并定期传达高期望

激励的过程要让你的团队成员对未来的目标非常清晰，肯定团队中每个人的价值是非常重要的。只有当你基于人们所期望的行为和结果而认可的时候，认可才最有意义。一定要让成员清楚地知道，哪些行为是值得鼓励的，是与目标相关的。

4. 要使激励个性化

每个人都是不同的，如果你给予大家的表扬都是类似的，员工就会感觉你的真诚不够，并未真心在乎他们。比如你对所有的员工都说，你的工作表现不错，很努力。这样的表扬其实员工并不能感觉到。如果你的表扬更加具体，比如对某个产品经理说，你上周连续加班，这才使得我们的产品如期上线，真是表现不错。这样员工的感知就会不同，他们会长时间回味这段表扬。

5. 表扬的方式上要有创新

表扬的形式，我们可以有口头表扬，也可以有书面表扬。今天我们的沟通工具非常便利，你可以随时因为员工的优异表现，用微信给他们发个红包。这样多种形式的激励，可以让激励时时发生。

6. 要做到即时激励和认可

在很多公司，管理者在看到员工的一次优异的表现后，往往会先记录在案，然后等到月末或者季末才进行表扬和鼓励，这样的激励时间轴太长了，对员工的激励效应会放缓。因此，管理者要尽量做到即时激励，只要你认为是值得的、有价值的，就应该立刻给予激励。

好的激励员工的方式有哪些

在激励的形式上，随着 90 后和 00 后员工的慢慢诞生，可以采用更多创新的激励方式，比如一些互联网公司常用积分制、游戏制的激励方式。如果你是一名开发工程师，为公司创造了价值，解决了公司长久以来存在的一个问题，或者是以最快速度修正了一个 Bug，那你就可以获得相应的奖励积分，积分到一定程度，你可以升级，可以享受公司内部一些特殊的奖励，比如补贴年假、极少名额的培训机会。这样游戏化的激励方式会让员工乐于参与，而这些都可以用系统的方式来实现，方便统计和执行。

此外，作为管理者，最容易做到但又最容易忽视的奖励就是对员工说一声“谢谢”。有时候，当我们成为领导者，我们常常会忽略对员工行为的尊重，认为员工的行为是理所应当。但恰恰这个时候，一句来自领导者的感谢会让员工倍感激动。比如前松下总裁松下幸之助经常抽空给员工（包括新员工在内）打电话，每次都不说什么特别的事情，只是问问对方近况，并在结束通话前说上一句“很好，谢谢，请加油”。那些接到电话的员工每每能感受到总裁对自己的重视，从而更加发奋工作，逐步成长为公司的栋梁。

当然，激励不仅仅是针对好的表现，有时当下属出现失误的时候，激励就更为重要了。每个人都难免会有失误的时候，假如在初次失误时，得到的是负面反馈，员工很可能会从别人对自己的低期待中衍生出自己对自己的低效行为。因此，领导者应当设置有限次数的失败的包容机制，在机制范围内，对犯错员工给予鼓励、指导及支持。

本节思考

1. 你的团队的行为是被推动的还是自驱的?
2. 你是如何对团队成员进行激励的，会用到哪些方法?

法则 17 关联法则

——激励不奏效，是忽视了这三点

前面我们讲了激励员工在塑造高执行力团队方面的意义。但是在现实中，有效的激励并不容易达成，也许我们花了大量的时间和金钱，但是员工的行为并没有被很好地激发。

如何实施激励，才能激发员工心中的小宇宙？也许我们尝试过各种方法，但效果有限。激励下去了，但员工的优异行为却并未如期出现。激励有其背后的原理，最具代表性的是弗洛姆（V. H. Vroom）的“期望理论”，它是管理心理学与行为科学的一种组合。简单来说，操作方式是我们为员工设定一定的目标和任务，当员工达成了期望的行为后，就可以获得有吸引力的奖励。当一个行为完成后，再继续下一个行为。

作为管理者，需要了解员工的激励类型是什么。在一个团队内部，有不同类型的员工，他们的激励类型也是不同的。通常来说，员工的类型分为两种，一种是自驱型的，一种是任务型的。对于自驱型员工，他们的积极性是内生的，可以激发他们的，是他们所从事事业的前景，以及他们个人的成长发展。针对这种类型的员工，我们需要整个团队有着清晰的、激动人心的愿景和目标，这是激发他们拼搏的内在动力。“梦想还是要有的，万一实现了呢”，说的就是这个意思。

对于自驱型员工，除了愿景之外，相辅助的激励手段，我们也称之为长期激励，比较明显的就是股权和期权的形式。这是很多成长型公司都在使用的激励方式，目的是将员工的行为和公司长期的发展结果绑定。

另一种类型的员工被称为任务型，他们的激励点来自外部。任务型员工的关注点相对比较短期。他们的激励原则是：“我完成了某件任务，达成了某个目标，你应该给我一定的奖励。”这种奖励如大家熟知的奖金、职位晋升、荣誉等。而要想用好短期激励，需要我们配合薪酬和绩效制度的设计。在薪酬上鼓励多付出、多获得。而绩效管理工具，如 KPI、OKR 则是确保激励执行落地的过程工具。

利用“三关联”法则有效激励员工

有时候即使我们搭建起来完整的激励体系，也未必能很好地激励和影响员工的行为。而且我们并不知道哪里出现了问题，这是因为我们不知道激励过程中一个重要的三关联法则，这是激励达成效果的核心，每一点都必须做到环环相扣，让每一个传导都是正向的，这样的激励才能真正驱动员工的行为。三个关联分别是：

1. 将员工完成的任务和他应得的评估成绩相关联

这个关联是指，你的团队成员在过去一个季度或者一年努力工作后，根据他的工作表现和你们之前的约定，这名员工会比较清晰地知道他的评分结果怎么样，比如BAT公司常用的SABCD五个等级，或者阿里根据业绩和价值观的情况，将员工评估为五个形象类别，包括耀眼的明星Star类员工；业绩达标但价值观不符的Wild Dog类员工；价值观符合，但业绩未达标的Rabbit大白兔类；有可能面临被淘汰的Dog类员工。这个过程要做到清晰和透明。

但是经常会产生的情况是，员工在一个时间周期完成工作后，他的表现好坏自己并不知晓，要完全靠主管的主观来决定。这样这个关联就会被打破，导致无法对员工行为产生正向影响。要做到关联，正确的做法是：在这个评估的时间周期，员工和管理者对工作任务目标达成一致，而且可量化。在这个时间周期结束后，员工自己就可以清晰地算出应得的绩效分数。

2. 将评估结果和明确的奖励相关联

这是指员工在得知自己的评分后，能够清晰地知道，这样的绩效评分意味着什么样的奖励。比如获得评分后，如果你拿了S，你大致可以知道，今年是不是可以升一级了，如果公司有年终奖，你应该是比例最高的那一个层级，公司安排的出国培训，你应该是名单上的人。

3. 将员工所获奖励和他的期望相关联

这是指团队给予团队成员的激励物，是否是员工渴望和需要的，是否具有心理价值。

我在一家腾讯旗下的子公司给员工上课的时候，有一位产品的负责人在现场提出了一个问题：为什么我们有一个团队成员表现不错，我们全年给他评了 S：最高分，也给了相应的激励，但是他过完年还是离职了？这里面涉及的问题就是，虽然你给了这个员工他认同的评分，但是这个评分所给予的奖励内容是不是他想要的呢？

这名员工离职的原因在于，他虽然涨了薪、升了级，但是他内心的激励点是希望能给他一个负责新产品的机会，他希望挑战。这个机会并非不可能，只是当时领导忽略了他对这件事情的渴望程度。这就导致我们虽然给予员工激励了，但这个激励在他内心的价值是打折扣的。

三关联原则是激励闭环的重要内容，这三个原则是环环相扣和层层递进传导的，只有每个环节都做到了，才能将激励方式和策略发挥出来，才能真正影响到团队成员的行为。如果其中任何一个环节出现问题，团队成员就会对激励体系产生质疑，从而不会做出相应的积极举动。

在现实中，三关联原则既来自于整体激励机制的制定，又要关注激励执行过程的效果。如果激励体系设置得好，组织就像是建立了一台自动运作的机器，成员会自发地向着目标行进，达成团队的整体目标。

本节思考

你有没有激励员工但效果不好的经历？从三关联原则来看，是哪个环节出现问题导致了激励结果的失败？

法则 18 长期激励

——将企业和个人利益真正绑定

前面我们所讲到的激励，更多是对员工短期行为的激励。但今天这个时代，有越来越多的创业公司涌现，对于创业公司来说，如何在早期资源有限的前提下更好地驱动团队成员，提升执行力呢？这里我们需要用到的方法就是长期激励了。

长期激励有很多种，一般来说包括期权或者叫做限制性股权，它授予持有者一种未来的权利，持有者可以在某一特定日期或该日之前的任何时间以固定价格购进或售出一种资产，这是一种长期激励员工非常有效的方法。

长期激励的设计，就是希望我们的团队成员不只是普通的打工者，而是可以和我们一同成长为合伙人。但是长期激励的设计对于很多管理者来说相对比较复杂，同时，如果某些环节设计得不好，就会导致后面可能出现一些问题。这里我们将一些长期激励（以期权为例）的核心要点给大家提炼出来，把握住这些要点，就能确保这个长期激励是可以发挥作用的，且不会造成风险。

期权该授予谁

在做一个期权计划的时候，管理者需要思考的第一个问题就是期权要授予谁，即要授予哪些员工或者管理层。这样的期权激励，通常我们在现实中有两种操作方法，一种方法是授予全员期权奖励，还有一种方法是根据一定的条件来授予员工一定的期权。我个人建议不要做全员的激励，因为全员激励的效益往往会下降，我们需要把更优质的资源集中到那些表现更好的员工的身上。

当然，在授予的条件上我们要做一定的限制，比如根据员工服务的年限来授予，或者员工达到一定的业绩指标以后再授予。

授予多少期权合适

第二个要关注的问题就是我们要留多大的期权池。通常来说，一般期权池的大小在 10%~20% 之间，平均水准一般在 15%，因此你可以留 15% 的期权给你的员工和你未来希望引进的那些重要的成员。

授予员工的期权的多少，需要根据员工的职级或服务年限以及员工在整个团队中的价值来衡量。在授予员工期权数目的时候，我们也需要一些技巧，比如我们可以授予员工 0.1% 的股权，这个数字听上去好像非常少，让员工没有更深刻的感知，这时我们可以利用“拆股”的概念，即把总股本数扩大。也就是由原先给员工 0.1% 的股权，换一种说法，改为给予员工 10 万股的股权，这样员工就会比较容易接受，同时认为这个授予的股权是更加有价值的。

期权有哪些授予形式

期权授予的形式一般有三种。

第一种是直接在公司的工商登记上，把这个人的名字加进去，给予他相应的股份。

第二种是通过代持的方式，即通过现有的股东来代持受益人股份的方式，来体现企业给予员工的股权奖励。

第三种是成立合伙制公司，把所有给员工的期权装到这个新的公司里。因为对于有限责任公司来说，股东数目是有一定限制的，往往不超过 50 个人。如果我们要给更多的员工期权或者股权的奖励，通过合伙公司的权力是一种更有效的方式。另外通过合伙公司，员工在股权收益方面也可以获得一些税收上的优惠。

另外，在考虑一个期权计划的时候，我们还要考虑整个股权的兑现以及回购计划，包括什么时候可以回购员工手中的股权，以什么样的比例回购，或者如果有员工违反了我们的规则，我们又该怎样去回购。这也是我们整个期权计划中需要考虑的内容。

此外，还有一些非创业公司很难把公司的股份给员工，这样一来，他们就要通过其他方式对员工进行长期激励。可喜的是我们最近看到越来越多新的对员工长期激励的方式诞生了，其中包括很多所谓合伙人的操作方式。

合伙人的方式不涉及股权和期权，但是它会把公司的收益跟员工捆绑或共享。比如零售业巨头永辉超市，过去他们公司的组织架构是按照不同的垂直线条分工。后期他们进行了一系列的改革，让一个个小的门店成为一个个合伙人。这样的小门店是公司和员工共同经营的单位体，这个单位体如果获得了更多的收益，员工就可以从中获得相应的收益，这样，公司的长远利益和员工的短期利益、公司的发展目标和个人的目标就牢牢绑定在一起了，这也是激励员工的一种有效方式。

本节思考

1. 你所在的团队有长期激励的方式吗?
2. 你的组织在实施长期激励过程中存在哪些问题?

第五章

没有高执行力文化，再敲鞭子，执行力也上不去

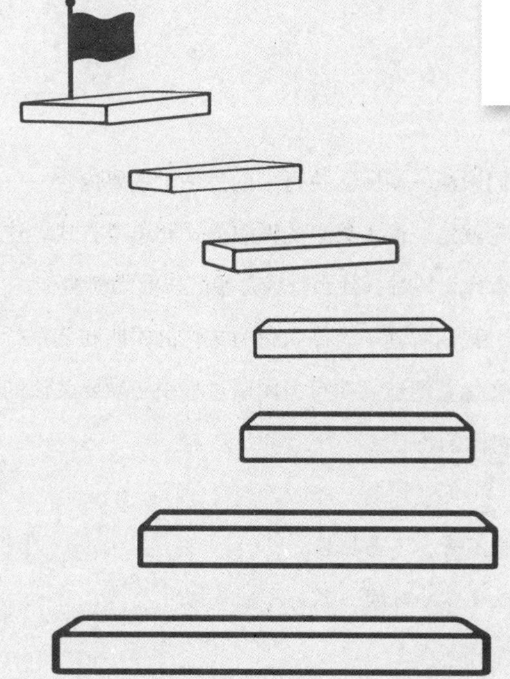

法则 19 文化根基

——高执行力文化形成的三个阶段

从本小节开始，我们来谈一谈团队执行力的另一个重要内容——文化。什么是文化？文化就是一群人共享的做事方式和思考方式，这决定了大家用以判断什么行为是对，什么行为是错，以及如何协作。

正因为文化的不同，我们看到了有高执行力文化的团队和低执行力文化的团队。所以，文化是塑造高执行力团队过程中必须要关注的东西。但是文化又有着自己的特点：

（1）文化看不见、摸不着，不易把握。

（2）文化的形成和改变需要时间，不是一蹴而就的。

经常听到有些团队的负责人或者公司的负责人说，他们公司现在规模还很小，所以没有自己的文化。这句话到底对不对？其实不论公司的规模是大是小，文化伴随着公司的产生就产生了。

有一个形象的比喻，文化就像你家院子里面的草，不论你管还是不管它，它都会自行生长，只是说它成长以后是成为你希望的形态，还是你无法收拾的形态。所以在一个团队或一家公司中，我们要思考的问题是，这个文化到底是怎样形成的、是从哪里来的、它会经历哪些阶段？下面从公司文化发展的三个不同阶段来分析和解读。

初创期的公司文化核心是创始人

在最早期，毫不夸张地说，一个团队的文化就是创始人的文化，即这个团队的负责人的文化。因为创始人或者团队的负责人决定了整个群体的价值观。这个团队负责人如果认为，文化要关注细节，那么，这个团队的每一个人都会非常关注细节。如果这个团队负责人关注的是要更多地跟客户互动，那么相应地，这个团队的每个人都会更多地跟客户互动。所以，我们看到 BAT 的创始人当中，每一个人都以其个性赋予了这家公司极大的文化特征。比如说马化腾身上体现出的工程师文化和产品经理文化就深深地烙印在腾讯公司的身上。

所以早期来说，一个公司的文化其实就是作为创始人的你或者团队负责人的文化，你的好恶、你的性格、你的做事方式，会让你身边的人慢慢地去效仿你，从而形成了整个团队的文化。这是所有公司早期文化的形成状态。

成长期的公司逐步建立完整的文化体系

第二个阶段，当公司发展到一定规模的时候，比如当团队成员达到上百人后，作为创始人，你影响的人可能就有限了。此时，其实很多人已经感觉不到你的文化影响力了。

这个时候你要有意识地去思考，要去创造公司的文化，要赋予公司自己的生命力，也就是你要有意识地带领你的核心团队去建立公司的文化价值观体系。如果说第一个阶段的文化价值观是无序的，是自然而然形成的，那么，第二个阶段的就是有序的，是我们刻意造就的有利于公司发展的一种文化价值观体系。

这个时候作为团队的负责人或创始人，你还要更关注：自己的价值观或者做事方式是否都有利于整个团队向前发展，在一定程度上也需要对自己有所约束。

此时，你要关注的是整个集体的文化价值观，实现公司与创始人或负责人之间的文化价值观相互融合。

公司成熟期具有特征明显的文化DNA

到了第三个阶段，属于公司自己 DNA 的文化价值观特征会越来越明显。虽然其中还能看到创始人的特征，但是公司或团体的 DNA 和文化价值观，将伴随着企业越走越远。

以上就是一个组织或者团队的文化和价值观形成的三个阶段。从开始的无序到最后的有序，从开始的以创始人的个性为主的文化价值观，到最后形成公司自身的文化价值观体系。

最后我还想提醒大家的一点是，文化价值观不是一成不变的，随着时代的发展和行业的进步，公司的文化价值观也需要进行一些调整和优化。比如微软的文化价值观，最早是 20 世纪 80 年代比尔·盖茨创立的，但是到了 21 世纪，这种文化价值观其实受到了一些挑战，包括公司的愿景，一度让这家公司的发展放缓。但后来微软逐渐调整了其文化价值观和愿景，才使得自己重生，越走越远！

如果你知道在一家公司里文化形成的方式和目前所处的阶段，那你就知道了对于文化，我们需要有意识地去影响和塑造，而不是顺其自然地任其发展，这样才能建立一种适合团队高效执行的文化。

本节思考

1. 你所在的企业处于创始期、成长期、成熟期的哪个阶段，在这个阶段需要做些什么？

2. 你的团队是否形成了高执行力的文化？

法则20 价值先行

——打造高执行力文化价值观体系的方法

通过前面的描述，我们深知好的文化在提升团队执行力方面的价值。但在现实中，很多公司的文化体系都存在一系列问题：

（1）文化体系是挂在墙上的口号和标语，团队没有任何的感知。

（2）文化体系是简单的复制，看到别的公司的文化标语，就直接拿过来用。许多公司网站上的文化价值观都是相同的。

但对于一个团队来说，应该如何去建立自己的文化体系呢？通过什么样的形式制定出来，才更有利于团队去执行呢？本节介绍文化价值观制定的五步法，以帮助公司更好地制定和形成自己的文化价值观体系。

在介绍五步法之前，有一个观点要明确一下，就是在执行文化的过程中，文化的内容的制定过程同样重要。因为在文化执行的过程中经常出现一个问题，那就是很多员工对于公司的文化其实并没有什么大的感知。因为在他们看来这个文化是高层制定的，或者这个文化是借鉴别的公司的。

如果你的公司或团队也是这样的文化制定过程，员工在执行的过程中一定会大打折扣。正确的做法是，我们要让更多的员工充分积极地参与进来。当员工参与文化体系的制定过程，他在执行中才会理解得更好。

文化制定五步法

第一步：公司高管初步讨论定基调

作为公司的创始人或者团队的负责人，首先要召集整个公司的高管开一次核心的头脑风暴会议。思考：团队未来的发展。希望和什么样的人共事？更看重什么有价值的东西？怎么看待你的客户？怎样看待你的员工？……

提出这些开放式的问题后，让参与的所有高管写下对这些问题的看法，最后把这些问题进行归类整理，这样你会形成 10~20 个关于这个团队所期望的工作方式：比如团队更期望有一种开放的工作环境，团队期望更关注用户的价值，团队期望更鼓励创新，团队期望更鼓励大家开诚布公地讨论问题等。

第二步：核心员工参与讨论和修改

第二步是召开一个更大范围的头脑风暴会议。如果你的公司规模比较小，你可以让全员参与。如果你的公司规模比较大，你可以让一些核心的员工来参与。参与的方式也是一个个小组式头脑风暴会议，可以把前面参与会议的那些高管分别安排到不同的小组中，让大家对前面一场会议所得出的文化价值观体系进行讨论，看看大家是否有相同的认知，或者补充。

头脑风暴会结束以后，会形成一个新的清单，这个清单涵盖第一场会议 70%~80% 的文化价值观体系的内容，以及 20% 的文化价值观的内容。至此，一个完整的、更大的清单建立。

第三步：核心创始人最终决策

第三场会议，核心创始人需要把收集到的完整的文化价值观体系的内容进行合并和决策，选择 10 项以内的内容，作为定稿。同时把它们形成一个个详细的解释发送给所有的员工。

第四步：向员工推广落实公司文化

即将你的文化价值观真正地推行到小组当中去。可以将其印刷成册，或者通过网站等一系列大家可以看到的方式传达给团队所有的成员，让他们了解团队推崇的文化价值观是什么。

同时让公司或者团队当中的各个层级，对这些文化价值观的实行过程给出一些建议，让大家充分理解什么样的行为代表着什么样的文化价值观。比如开创了一个好的项目，就是实现了创新这样一种价值观……

第五步：对公司文化执行情况进行总结与分析

第五步是文化价值观推行了一个自然年以后，在年底要对其进行总结。看看公司的文化价值观在执行过程中是否和希望达成的一致，是否和大家理解的一致，是否还有需要进一步调整或者修正的地方。如果需要调整，可以进行第二版的修正，然后再定稿。

通过这样的方式，团队或者公司的文化从无到有，而且更重要的是，全体员工都参与了文化的制定，所以他们对文化的了解会更加清晰，在执行的过程中会更加认真或者负责。假以时日这种文化会慢慢渗透到所有员工身上，最终形成公司的文化价值观体系。

我曾经帮助多家企业用这样的方法制定企业文化。有一家房地产公司的董事长对于建立统一的企业文化非常渴望。因为随着国内房地产市场的增速放缓，企业的增长动力逐渐从外部的红利转变为从内部找效率。也正因为如此，企业原来的一些问题慢慢地暴露了。起初企业有几个业务单元，一直是业务为导向，各自为政，彼此之间的矛盾很大，缺乏协同。但是现阶段，要求各个业务单元之间相互协作，以集团的利益为核心。公司总部希望能通过对公司文化价值观的梳理，重新建立凝聚力。

虽然公司过去也有一些文化口号和标语，但大多流于表面，公司员工也缺乏认知。通过五步法来重新制定和梳理集团文化的项目后，各个业务单元的人对公司共同的文化价值观有了新的认识。公司将文化手册也进行了优化和调整，将协作共赢作为内外部合作的核心原则。由此，形成了员工共建的文化价值观体系。

本节思考

你的团队的文化是如何形成的?

法则21 文化落地

——高执行力文化生根的七个招式

上一节我们讲了文化形成的五步走，但是高执行力文化要发挥作用，还有关键的一点，就是要落地。经常会有人说公司的团队文化不落地，往往成了写在网站上的口号或者贴在墙上的标语。只有团队的文化被每个员工真正践行的时候，这个文化才会有价值，否则文化就会跟这个组织成为平行线，能看到但是不会产生价值。

那么文化如何才能真正融入团队，成为团队流淌的血液和DNA呢？在这里分享七步法法则。

第一步：将公司文化可视化

即把公司文化变成能够看到的东西。虽然我们说口号和标语不重要，但是我们需要有一系列这样的手册，或者一系列的活动、文化衫、标语或环境来让大家知道公司的文化有哪些。我相信提到团队文化手册，你一定看到过一些优秀公司的团队文化手册，比如像 Netflix 这样的公司。

第二步：将文化翻译为可执行的行为

就是把文化和价值观翻译成一个个可以执行的、看得到的行为。比如推广创新，那么，什么样的行为在团队中才代表着创新？给出好的建议，为别人提供更好的支持和援助；当我们做一件事情时，我们能够更高效、更节约成本，这些都代表着创新。我们看一个 Netflix 的例子，在 Netflix 的文化体系中，对于创新的定义有这样几个具体的行为指向：

- ◆ 创造出被证明行之有效的新想法
- ◆ 重构问题以便发现解决棘手难题的方法
- ◆ 挑战主流假设，并提出更好的方案建议
- ◆ 会最大限度地化繁为简，保持敏捷
- ◆ 拥抱变化，获得成功

有了这些具体的行为指向，团队成员才会更清晰地知道，公司所倡导的创新是什么，而不只是大家各自去猜测，或者以自己的理解去进行创新。这样就将模糊的文化定义转变为清晰的行为特点，把价值观翻译成可以执行的行为了。

第三步：在招募过程中遵循价值观的原则

我们在人员招募的过程中一定要关注候选人的价值观。前面提到

了看人的三原则，第三个重要的原则就是要看这个候选人跟我们的文化价值观是不是契合，这是非常重要的。因为很多时候一个人的文化价值观是固有的、先天的，很难在后天的环境中改变。所以我们在招募的时候，要用文化价值观来把关。

第四步：培训过程中向员工不断灌输价值观

在日常的员工培训过程中要强调公司的文化价值观，包括在新员工入职的过程中，要不断地向员工灌输公司所推崇的价值观是什么，让大家把价值观印在脑海中。

第五步：绩效考核的时候参考价值观标准

也就是要把文化价值观和公司的考核牢牢地绑定起来。因为只有价值观影响到薪酬、晋升，员工才会关注自己的行为是不是符合公司的价值观。阿里的考核体系中有50%的考核项都是跟价值观相关的，这也是阿里可以打造出一支铁队的原因所在。

但有人会说，文化价值观是非常主观的东西，没有客观的衡量标准，如何考核呢？我们不妨看一看，在阿里内部是如何对文化价值观进行考核的。

阿里将“六脉神剑”（客户第一、团队合作、拥抱变化、诚信、激情、敬业）中的各项内容细化成5个行为等级（从1分到5分），共30项考核细则，每一等级下面都详细列举了符合或不符合的行为准则，考核采取行为案例、360度评估、通关打分制等方法。举个例子，就客户第一来讲，1分至5分的表述分别为：

1分：尊重他人，随时随地维护阿里巴巴形象。

2 分：微笑面对投诉和受到的委屈，积极主动地在工作中为客户解决问题。

3 分：与客户交流过程中，即使不是自己的责任，也不推诿。

4 分：站在客户的立场思考问题，在坚持原则的基础上，最终达到客户和公司都满意。

5 分：具有超前服务意识，防患于未然。

在考核时，员工首先向大家介绍自己一个季度的工作，并按照 30 条价值观考核细则给自己打分，然后由部门主管根据员工的表现进行打分。如果评分低于 0.5 分或高于 3 分，需要书面举例说明具体情况。最终，主管会告诉员工，为什么他会得到这样一个分数，上季度他在团队中处在什么位置，有哪些欠缺的地方要改进，哪些表现好的要保持。

第六步：通过表扬激励员工不断改善行为

我们要在文化推行的过程中不断地树立好的模范，对于好的行为要大肆表扬，包括物质上和精神上的；对于不好的行为，要赶快将其扼杀于摇篮。这样其他员工才知道什么样的行为是公司认可的、推崇的、鼓励的，什么样的行为是公司不认可的和打压的，慢慢就会形成他们自己的行为边界。

第七步：在决策过程中参考公司的价值观

在日常工作的决策过程中，用公司的价值观作为决策的依据。如果一件事情是有损于公司价值观的，要坚决否定。如果这件事情是跟公司价值观相同的，哪怕短期的利益有所失，我们也要坚持做出选择。

以上就是整个价值观落地的七个步骤。最后，请注意观察：优秀的文化体系是具体通过哪些人被奖励、被提升和被解雇来体现的。

本节思考

1. 你的团队的高执行力文化在推行过程中遇到过瓶颈吗?

2. 参考以上步骤，思考一下，如何让你的团队文化体系更好地落地。

法则22 团队合作

——高效协同合作，资源最优配置

不知道你在平时的管理工作中有没有遇到这样的情形：当团队当中有多名成员，或者团队当中有多个小组，你会花很多时间去协调他们之间的工作。为了让大家能够在一起协作，共同达成目标，你的很多精力都花在这方面，以至于大大影响了你的工作执行效率。

一支好的团队，一定是有着非常强的协同性和最优资源配置的团队。在低执行力的团队中，协同性差往往存在五个方面的原因，分别是：

（1）团队成员之间缺乏信任。

（2）团队成员之间试图保持表面的良好关系，而惧怕产生冲突，哪怕有价值的观点也不愿意提出。

（3）对工作的投入不够，对于团队目标的实现缺乏参与感和敬业度。

（4）遇到问题和困难时，团队成员不敢面对现实，而是逃避责任。

（5）无视结果。

那么，如何才能提升一支团队的协同性呢？针对以上提到的五个方面，这里分享五个方法供大家参考。

1. 建立团队成员之间的信任

信任是高效、团结一致的团队的核心。在库泽斯和波斯纳的经典《领导力》一书中，他们提到“团队的基础在于信任”，没有信任，团队就不成为团队，团队协作更无从谈起。人和人之间信任建立的最大障碍在于不了解彼此，想想你在职场和生活中毫无戒备信任的人是哪些人，而你为了保护自己拒绝信任的又是哪些人。

在一个团队中，领导者和下属之间的信任是因为经常的汇报和工作互动，而团队成员之间，由于隶属不同部门，利益也不同，很多时候倾向保护自身，而不轻易相信别人。这时候领导者需要做一些事情来打破这些保护，让成员之间坦诚相见。具体的方法包括：

（1）寻找机会，让团队成员进行深入的相互介绍，创造一种氛围，让大家相互坦露心扉，展现个性和优缺点，增进彼此认识。

（2）通过一些性格和行为测试来了解彼此，比如 DISC、MBIT、大五人格等测试工具。

（3）开展360度的反馈，让团队成员更清晰地认识自己，倾听来自上下级、同事、客户的评价。

2. 鼓励团队成员间积极有益的冲突

在组织中，很多时候因为人们要顾及面子或者明哲保身，都不愿意发起和面对冲突，这就导致很难形成建设性的决议，最终就变成了谁职务高听谁的。

缺乏冲突，我们就听不到真知灼见，回避冲突，我们就缺乏认真的态度。要做到鼓励有益冲突，可以参考以下做法：

（1）领导者有意识地挖掘有争议的话题，让团队成员畅所欲言，让大家在台面上讨论。

（2）对于有意义的冲突的争论，不管是正确方还是错误方，都应给予积极的鼓励和评价。

3. 鼓励大家对团队的工作或任务积极投入

在团队中，投入由两部分组成：阐明问题和达成共识。但我们往往会陷入到追求绝对一致。这样往往有两种结果：要么是独裁，大家放弃争论的自由，完全听从他人的摆布；要么是过度争论，永远无法达成一致，谁都不服谁，讨论陷入僵局。这个障碍的解决方法是：

（1）在任何决策、决定确定后，要明晰主要内容，要明确如何向他人传达决策内容。

（2）确定决策的最终期限，同时通过纪律和规定让员工严格地遵守。

4. 鼓励团队成员敢于承担责任

包括两个方面，一方面指自己在遇到问题时需要担责；另一方面是在看到同事的表现或行为有碍于集体利益的时候，要能够及时给予提醒。具体解决办法是：

（1）公布工作目标和标准，让大家清楚彼此的目标、责任。

（2）定期对成果进行简要回顾，通过制度敦促大家针对别人的表现给出反馈，对于表现优异的团队，实施团队嘉奖。

5. 要让团队成员关注目标，做事以结果为导向

在许多团队组织中，我们经常看到一些人工作兢兢业业，每天按时上下班，但是工作业绩平平，这就是无视工作结果的成员，也就是所谓的大白兔员工。针对这样的员工，需要做的是：

（1）公开团队的目标，激发出团队成员更高的工作热情。

（2）奖励集体成就，将成员的奖励，尤其是奖金，与特定的工作成绩联系在一起。

除了以上五种方法，即建立信任、促进有效冲突、鼓励积极投

入、让成员敢于承担责任、结果和目标导向外，高效的团队协作还需要成员之间懂得分享资源，以实现资源和利益的最佳配置，确保合理性、公平性以及经济性。在一个组织或集体中，在相互合作和协助中，通过最佳的分享模式，让合作双方或者多方都获得最优效益，是推动整个团队发展的最佳方式。

关于如何分配资源，我们先来看一个来自麻省理工学院的商业小案例。

在一场全球范围的创业大赛中，两支不同的学生队伍被编在同一个赛区。比赛开始前，大赛的举办者给每个赛区提供了 1 万美金的创业基金，由赛区里两支不同的学生队伍分享使用，而比例由学生队伍自己决定。两支队伍分别来自经济学院和信息学院，他们在分享这个基金的时候发生了矛盾。

虽然这两支队伍在比赛中经常相互协助和支持，但是因为每支队伍都希望能够赢得比赛，而早期的创业基金对于他们来说非常重要，而且双方各自的队长都认为自己的队伍赢得比赛的概率更大，希望能多分到一些创业基金。为此他们争论得不可开交。

学校的组织者让他们各自都拿出分配建议，经济学院的建议是他们拿 6 千美金，信息学院 4 千美金；信息学院的建议是他们拿 7 千美金，经济学院 3 千美金。这是关乎荣誉和输赢的决定，谁也不肯让步。

什么样的分配方式既合理又经济？

可能有些人会说，大家就 5/5 分吧。可是没有一个队伍愿意提出 5/5 分的方案，因为他们都觉得自己这边应该拿更多。

这时候麻省理工学院的一名教授提出一个方法。他建议将两支队伍分两个角色，一个角色是分配者，一个角色是选择者。分配者只是将 1 万美金分成两份，只决定这个数字，比如 6/4，比如 5/5，比如 3/7。分配好以后，让另外一个队伍，就是选择者来优先选择需要哪一份。

这个方案将两种角色分开，每个团队只能扮演一种角色。让经济学院的同学做数量分配方案，让信息学院的同学来做选择，或者反之。

有了这个小小的规则调整后，两支队伍在内部展开了深入的讨论。经过一天的讨论，最后的结果是，不管是哪一方作为任何角色提出的方案，都是出奇的一致，那就是 5/5 平分。为什么会达成这样的结果呢?

试想一下，如果你是经济学院的，如果你的角色是分配者，你按照 7/3 来分，而信息学院的同学先选，他们一定选 7；假设你分成 6/4，对方也一定选 6。因为人们一定是追求利益最大化的。

最后逼着你在分配的过程中必须做到公平，才不会让自己一方成为利益受损者。所以最优的分配方案就是 5/5。

这其中一个关键的因素，就是将分配者和选择者分开，分配者无法通过权力仅考虑自己一方的利益，而是需要关注对方和整体的利益最大化。

当然在这个案例中，5/5 的结果只是其中一种情形，并不是所有资源和利益的分配都是 5/5 是最佳的。有时候，分享物有差异，而合作方或者利益方对于分享物的需求和喜欢程度不同，也是我们要考虑的因素。

比如两个小朋友分享蛋糕，可能 5/5 是最佳的分享思维。但是如果这个蛋糕其中的某一块上面有草莓，而某个小朋友对草莓情有独钟，可能蛋糕大小就不是他唯一的需求了，哪怕给的蛋糕小，只要能分到其中有草莓的那块，就能达成分享的公平性和有效性了。

分享思维的出发点是希望达成分享或者分配的公平性，促成团队的长期稳定合作。它给我们的启示是，有时候，由于人类的本性，我们往往只考虑自身的利益，从自我视角出发。而这样其实并不能达到公平和最优的合作方式。

心理学上有一个理论叫作弗里德曼定律，它的含义就是当一个人的需要可以满足另一个人的需要时，两人就趋于互相喜欢。即有利益与利益的相互补充，才会有需要与需要的相互满足。所以，共享思维其实就是抓准了人的心理需求。

有时候，我们在推进一项工作的时候，如果成员仅考虑自己的利益，可能短期内是获得了价值，但失去的可能会是长期的合作，长期的价值就会损失。

想要培养团队成员的协助分享思维，需要关注两个点：

第一，关注长远利益而非短期利益。要记住，一段好的关系要比单纯的经济利益更有价值。石油大亨哈默曾经说过这样一段话：“关照别人就是关照自己。那些总想在竞争中出人头地的人如果知道，关照别人需要的只是一点点的理解和大度，却能赢来意想不到的收获，那他一定会后悔不迭。关照是一种最有力量的方式，也是一条最好的路。”如果盲目因为眼前利益而轻易舍弃一段良好的合作关系，在未来将会是一大笔损失。

第二，关注对方的喜好和关注点而非仅仅是己方的，尽可能在公平的情况下满足对方的利益点。满足对方的利益，才能获得对方的认可。了解对方的需求，以此作为合作的良好开端，比一味跟合作方抢夺分割利益更容易加强合作关系，实现合作关系。对方了解到你也在兼顾和考虑他的利益时，就可以促进对方对这一次合作的决策。当然，这并不是说为了促进合作需要牺牲己方的利益，只是在众多利益分配方案中，找到一个能够让双方都满意的答案。

本节思考

1. 看一下目前你所在的团队在协作方面有没有一些问题，如果有，是以上五个问题中的哪一个？

2. 针对团队中的问题，你要如何进行改进和调整？

第六章

关注员工成长，搭建执行力成长阶梯

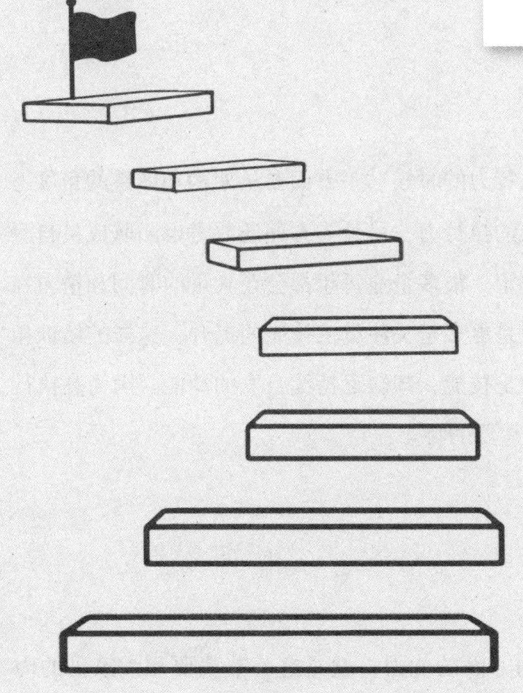

法则23 辅导员工

——用教练技能提高团队成员的能力

我们在考虑团队执行力的时候，一方面要从架构和体系的角度考虑如何营造和提升团队的执行力，另外一方面还要考虑团队成员自身的能力是否能将事情搞定。很多企业每年都会花大量的时间和精力在员工能力的提升上，但是更多是关注员工技能的提升，这样的培训相当于是术，员工掌握的是技能，却缺乏持续自发的动能。因为高执行力的团队成员有两个很重要的特点：

（1）责任意识。

（2）自驱意识。

提升团队成员这两方面的能力，就是这一节我要和大家讲的内容。下面我想向大家介绍一种提升团队成员能力的方法。这种方法源自国外，有的地方叫作教练技术。

借鉴教练技术启发员工快速成长

听到教练这个名字，你可能会想这个方法和体育相关。的确，优秀的体育教练就是这样一群人，他们可以不断挖掘人的潜能，提升人的能力，让运动员达到巅峰，成为世界冠军。

如果你参与过羽毛球、网球这样的运动，你应该会感觉到，在比赛中，真正的对手不是对手，而是头脑中的自己。好的辅导和教练技术可以释放人的潜能。有效的教练技术被真正发现和创建，是源于网球教练高威，他发现，在教导球员击球时，“盯住球”是一个教练经常发出的重要指令。但教练单单发出“盯住球”这个指令的时候，球员往往做得并不好。命令一个人去做他需要做的事，反而不能产生我们想要的结果，那怎样的指令才能让我们达到目的呢？

于是他改变指令的内容，发出下面这些指令，他问队员：

- 球朝你飞过来的时候，是朝哪一边旋转的
- 当球过网的时候，高度是多少
- 这一次它反弹起来的时候，是旋转得更快还是更慢
- 当你第一眼看到球旋转时，它离你的对手多远

这些启发球员的指令问题，从不同的角度让球员去思考球在哪里，以及球的方位，这促使球员集中精力观察球，否则他们无法回答这些问

题。更重要的是，这些问题是描述性的，而不是判断性的，因此没有自我批评或是伤害自尊的风险。通过这些问题，让球员从一个机械的动作——盯住球——变成了主动思考和专注的方式，挖掘了内在的潜能。

教练技术如何在生活和工作中使用

今天，这种方式同样可以用在职场管理和家庭生活中。比如你不是直接和同事说，你这件事怎么做得那么不好，而是询问同事，你目前在完成任务时遇到的最大障碍是什么。或者你觉得价格调整对新客户会造成什么样的影响。在家庭中，你不是斥责孩子不和同伴分享玩具，而是问他在和他人分享玩具的过程中，你有什么不快乐或者快乐的地方。

这些开放式的问题是辅导和培养成员的最好方式，因为这类问题要求描述性的答案，从而可以促进成员思考和觉察。而封闭式问题要求绝对准确的回答，是与否的答案关闭了进一步探索细节的可能，让成员缺少思考。这就涉及教练辅导技术的核心，那就是最重要的目标是帮助成员建立觉察力、责任感和自信。

如何利用GROW法辅导员工

如果你想提升下属的能力，想掌握一些基本的辅导方法和技巧，这里我向你介绍一种叫 GROW 的方法，按照这种方法，你可以进行一个完整的辅导过程。这里 GROW（就是“增长”）分别代表四个英文单词，也代表辅导员工的四阶段：

第一阶段：G（Goal Setting) 代表目标，是指在辅导的一开始，领导者要通过一系列启发式的问题帮助成员找到自己真正期望的目标。

在这个阶段领导者要询问以下问题：你想要达成什么目标？你想什么时候达成这个目标？你怎么衡量这个目标？有时候下属是因为缺乏目标，或者目标不清晰，才导致工作方向发生偏差的。这是一个上司和下属将目标协同的过程，如果下属表达的目标有误，领导者可以及时沟通修正。一个好的目标一定是符合基础的 SMART 原则的，也就是：具体、可衡量、可实现、相关、有时间性。

第二阶段：R（Reality Check）是现状，通过这个过程，领导者要帮助成员搞清楚目前的状况，客观事实是什么，寻找事情的动因。这个阶段领导者可以问的问题是：现在情况怎么样？到目前为止你是怎么处理的？是什么让你裹足不前？在描述现状的时候，建议更多使用描述性的文字而不是判断性的语言，避免使用好与坏、对与错这样的语言。

比如你和一个射击选手沟通他的成绩的时候，不只是说“你这次没有击中靶心”，而是告诉他子弹向上偏离了 1 厘米或是向右偏离了 2 厘米。描述现状，通常比评价现状更有价值。当然在剖析问题时，你还应当具备一些洞察力和专业性，不要只是在表面问题上沟通，还应当从现象到本质，看清楚现状背后真正的问题是什么。比如工作效率低，可能不一定是因为能力问题，还有其他更深层次的问题。

第三阶段：O（Option）是选择，这时候的目的是协同下属从而找到最佳的解决方案。这个阶段领导者可以询问：要解决这个问题，你有哪些方法？想象一下，如果你有更多资源的话，你会尝试做什么？要引导下属找到问题可能的选择方案。这时候要避免使用“绝对不可能”“无法做到”这样的词汇或态度。思考尽可能多的选择方案，然后在其中找到最优的解决方案，选择标准可能包括价值、性价比、可行性、时间效果等。

第四阶段：W（Will）是意愿，选择方向、制订行动计划。这时候领导者问的问题应该是：你准备做什么？你何时将开始这个行动？你的方法是什么？你希望怎么做？比如你想要某方面的职场能力，你最终的选择可能是参与一个目前市场上最专业的线下学习营等。

如何使用GROW模型

为了让大家更容易理解，这里举一个例子：我担任顾问的一家公司需要招一个大客户经理，人力资源总监分配任务后，过了几周还没有人选，而且招聘经理也表示有难处。于是人力资源总监和招聘经理展开讨论，提出了如下问题：

Goal——目标确定：

（1）我们的目标是在最短的时间内找到一个大客户经理，对吗？

（2）你预期什么时间可以完成目标人选的筛选，什么时候可以到岗？

Reality——现状分析：

（1）目前这个过程有哪些障碍和问题？

（2）我们现在有多少招聘渠道，简历获取情况怎么样？

（3）如果遇到合适人选，有竞争公司抢的话，我们有什么优势？

Option 方案选择：

（1）我们可以做些什么去消除这些障碍？

（2）我们如何更好地利用现有的资源？

（3）我们还有哪些渠道和方法可以使用？

Will——方案、出路：

（1）你打算怎么做？何时是最好的时机？

（2）可以寻求哪些人的帮助？

（3）你何时需要支持，以及如何获得支持？

通过这样的方式，明确了工作的目标和现状，而且作为员工也清楚可以寻求什么样的帮助，并且通过开放式的问题，自己可以思考可能解决问题的方案，最终形成很强的执行意愿。这就是通过 GROW 模型达成的有效的辅导方式。GROW 的方式适用于任何辅导下属或追随者的过程，可能是他们的职场能力提升，也可能是个人生活能力的提升。

这个过程可以让你的下属去思考，进而找到最有效的路径和方向。这种行为是询问，而不是告知；是倾听，而不是讲述；是赋能，而不是指挥。通过这个过程来提升员工对工作的认知，增强员工的责任感和任务的可执行性。

这种 1 对 1 的辅导是需要持续去做的重要工作，我建议你做两件事来锻炼自己作为管理者的教练能力，以更好地帮助下属成长。

第一，在你的团队中找出两三个你愿意帮助成长的人，然后和他们一起锻炼你的辅导技巧。

第二，打开日历，定期安排两到三个十分钟的时间段。你可能会说找不到这样的时间，但要养成一种新习惯，你必须要留出时间来练习。尝试一下，相信假以时日，你和你的成员都会有所改变。

本节思考

1. 作为管理者，你有没有通过什么方式提升团队成员的内在能力？

2. 你有没有和你的团队成员经常做 1 对 1 的沟通？

法则24 因材施教

——Skill-will根据员工意愿培养技能

提升执行的过程，有时候就是管理者和员工互动的过程，什么时候应该指导，什么时候应该授权，什么时候应该鼓励，什么时候应该批评，需要管理者在管理过程中根据不同的情景拿捏判断，并采取相应行动。本节介绍的Skill-will模型（也叫做技能和意愿模型）能帮助管理者清楚地判断出什么时候该给予团队成员什么样的管理方式。

培训“高意愿低技能”的员工

Skill-will模型是一个四象限矩阵，这四个象限代表了我们在跟员工互动的过程中所需要呈现的管理内容和方式。一个员工刚刚接手一项新任务的时候，他所处的状态是整个矩阵的左上角的状态。在这个状态我们看到他的意愿是比较高的，就像我们在学习一些新的技能或者一些新的事情的时候，有着很大的好奇心。

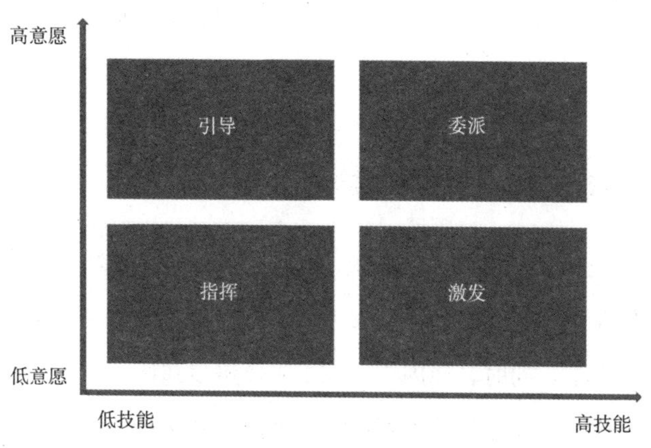

Skill-will 模型

比如你在刚学开车的时候，你的意愿是很强烈的，你很兴奋、很好奇。这时候就像是员工在意愿方面的常规状态，但是此时的技能是非常弱的，因为这个工作对于他来说是一个全新的工作，所以，作为管理者你需要给他一些辅导，让他做这件事情所需要的技能得到提升，让他慢慢地掌握所有完成这个工作所需要具备的技能。

鼓励“低意愿低技能”的员工

随着这个员工对这个工作越来越了解以后，他就会进入左下角这个象限。此时随着不断地学习，他做这件事情的技能在不断地提升，他的技能越来越强。但随之他的意愿慢慢会有所下降，因为他对这个工作越了解，他就越发现：我还有很多不清楚、不了解的地方。他可能会产生一些挫折感，可能会有一些灰心丧气，这时作为管理者需要做的事情，就是持续地重点提升他需要的技能。更重要的是，你要给予他更多精神上的鼓励，让他对这件事情充满信心，帮助他渡过这个心理上的难关。

委派“高意愿高技能”的员工

渐渐地他走到了右上角这个象限，这是一个非常好的状态。此时，员工的能力和技能已经得到大大的提升，他在做事情的时候完全可以得心应手了。同时，他因为完成了工作慢慢找回了自信，有很强的成就感。这个时候作为管理者你需要做的，就是授权并充分地信任他，让他自己去做好工作。

给予“低意愿高技能”员工一些挑战

接下来他会走到右下角第四个象限，到了这里，他工作的意愿和能力都得到了极大的提升。这个时候你作为管理者需要做的事情是，给予他更多的新的挑战，给他一些高难度的工作，以免他产生一种飘飘然的心态。

整个 Skill-will 模型的表现形式就是一条微笑曲线。总之，员工在接手一项新的工作的过程中，你要在不同的阶段给予他不同的辅导。第一个阶段，你要给予他更多能力上、技能上的提升；第二个阶段，你要给他更多情感上的信心的支持；第三个阶段，你要对他授权；第四个阶段，你要给他一些小小的新的压力。

当然，这条微笑曲线也不是一直就按照这四个象限的轨迹顺序发生。有些时候我们从右下角的象限，不一定能走到右上方的象限，甚至慢慢地又滑入左下角的象限。所以在这个过程中，你作为管理者要持续地关注员工做事的状态，包括他的心理状态和他的技能状态，并给予相应的辅导和支持 。

本节思考

1. 你知道在什么阶段用什么样的方式来和员工互动吗?

2. 思考一下技能和意愿模型，看看目前的团队成员在哪个象限，该用什么管理方法?

法则25 能力阶梯

——培养梯队式人才能力结构，应对未来挑战

在团队成员执行能力提升的过程中，除了关注个体能力的提升，还需要关注整体能力的提升，而整体能力的提升又涉及阶梯式的培养。这一节我们就介绍这方面的内容。

我在跟企业进行交流、做咨询的过程中，经常会看到这样的情形：有些团队在发展了一段时间以后，突然会出现团队成员之间产生矛盾的情况。这些矛盾可能来自薪酬的不公平，或者来自团队成员的文化差异；还有些团队发展到一定的阶段就开始缺乏持续发展的动力。

在团队的发展过程中，很多问题如果在早期没有意识到，那么在后期往往需要花费非常大的代价来弥补，如何避免这种情况的发生呢？建议参考以下两点。

确定统一的招募标准

在早期的团队招募过程中，很重要的一点就是要确定统一的招募标准。因为当团队发展到一定时期，不同部门的人员水准差异会非常大。A 部门成员的水准是由 A 部门的领导来决定的，B 部门成员的水准是由 B 部门的领导来决定的，当团队发展到一定阶段，A、B 部门成员的能力可能相差会非常大，但是他们的薪酬可能是一样的。或者是能力一样，但是薪酬相差非常大。

谷歌公司在招聘员工的时候，有个统一招募委员会。这个招募委员会来自各个部门，他们对新进人员在能力、价值观方面都有统一的横向的标准。这样就确保了人员虽然来自不同的渠道和进入不同的部门，但他们最终在这家公司里的定位和等级是一致的。

同时有一个统一的标准好处还在于，不会让有不同文化价值观的人加入到这个团队。所以对于早期的创业团队，我的建议是，作为公司的创始人或者 CEO，前 50 个人必须每一个都要经过你的面试和许可才能加入你的团队，以确保团队早期人员的稳定性。

采用75分位原则确保团队协同高效

团队发展到一定的阶段，会出现成员能力阶梯的问题，有些成员的能力没有办法满足团队的需要，可能会出现团队成员之间的能力差距非常大。比如早期的员工能力较弱，突然来了一个能力强的空降兵，他们之间就很难达成协同效应。

采用 75 分位的法则，可以有效避免这些问题。即在招募的不同时期，要求后进来一批的成员，能力要是前面一批成员的平均能力的 75 分位以上。这样团队成员的能力水准就像一个阶梯一样，一层一层地往上升。当团队发展到一定的层级，团队的能力是可以互补的，可以一层一层地确保达到你所想要达到的目的。

本节思考

1. 你的团队招募标准是什么样的?
2. 你的团队成员之间的能力组合是最高效的吗?

法则26 平衡内外

——不只关注员工工作，也关注员工生活

曾经有一段时间，很多职场人都在讨论996。有些人说，员工就应该996，有拼搏精神。有些人说，是否996其形式并不重要，关键是工作要有结果。当然，我们在讨论这个观点的时候，要更多从员工的角度来看待，看员工本身是否有意愿执行996。当我们只关注996的时候，我们仅仅把员工当成一个工作的个体。然而，员工作为一个人，其实还有更多的需求和追求。有时候，一个平衡的工作状态才更能让员工发挥出创造力和价值。平衡的状态让员工更愿意投入工作中，这才是长远的价值。

因为随着时代的发展，越来越多的人对美好生活的诉求不再是单一的工作赚钱，而是在工作之外寻找更多价值，培养业余爱好、与亲

朋好友相聚、探索生命的意义。

对于跨入职场的新生代而言，他们并不总是把工作放在第一位，把生活放在第二位。这一代人勤劳工作的观念逐步淡化，为了满足更好地平衡工作与生活的需求与期望，越来越多的人通过换工作的方式减少上班路程或者工作时间，甚至直接辞职休短假。鉴于这些原因，想要吸引和留用顶尖人才的企业需确保员工在工作场所实现工作与生活的平衡。

越来越多的企业意识到了员工“工作与生活的平衡”对企业的重要性，因为这关系到员工对工作的满意度及参与度，以及企业的“投入和产出”。那么如何帮助员工更好地平衡工作和生活呢？以下几个建议可供参考：

1. 从细微之处关怀员工

前微软中国总裁唐骏能记得每个员工的名字、家住哪里、毕业学校等。有一次，一位员工和她女朋友恰好和唐骏坐同一电梯，两个人由于紧张一言不发。这时唐骏主动问：David，你的工行项目进展如何了？David 内心一惊，没想到总裁会对自己如此关注，于是语无伦次地回答了几句。出电梯时，唐骏拍了拍他的肩膀：David，好好干。后来 David 给唐骏写了封信，说他女朋友从那以后对他“敬重有加”，还说连微软中国总裁都知道你这个小兵，将来一定大有前途。David 被唐骏彻底收服，也暗下决心更加努力地工作。

由此看出，管理者对员工一丝细微的关怀，往往会收效颇丰。其他行动诸如为过生日的员工送上一份小礼物或真心的一句祝福；探望生病的员工，或只是一个抚慰的电话等，都会让员工从内心深处感到温暖，让员工对企业更有归属感。

2. 注重与员工的沟通

沟通是企业从事各种经营管理活动的前提，没有沟通就没有管理。管理者最好能定期与每位员工进行当面沟通，为团队建立良好的沟通文化。良好的沟通方式可以增进理解，融洽关系，帮助员工更好地达到个人生活和职业目标之间的平衡。在沟通时管理者应注意：

（1）定期与员工当面沟通。沟通内容可以是：

新进员工：入职以来的学习和工作情况、与导师或同事的相处状态等。

日常管理：员工的近期工作状态、工作中遇到的问题、思想动态、对公司的建议等。

1对1沟通：工作目标完成情况、业绩提升计划、考核反馈和建议等。

（2）沟通技巧。作为管理者，与员工沟通应坦诚相待，尊重人心人性，多发现员工的优点，真心赞美，批评要适度，对事不对人。与员工沟通，应采取正式沟通、非正式沟通相结合的方式。正式沟通多在工作场合进行，非正式沟通多在工作场合之外进行。

（3）建立良好的沟通文化。团队沟通文化的建立，需要企业管理者和创始人带头进行。比如沃尔玛和华为等优秀企业，都注重团队沟通文化的建设，他们的创始人都定期与员工交流，真心听取员工的意见，并予以改进。沃尔玛的“星期六晨会”基本属于开放性会议，参加人员不受部门、级别限制，议题只要与工作有关就行，甚至外部合作伙伴、供应商都可以参加，与会者可以畅所欲言，甚至发生激烈的争论。这种沟通文化，为管理者在决策时提供了很多帮助，同时增进了团队感情。

3. 实行弹性工作制

企业可以采取弹性工作制来协调员工的生活和工作，员工可灵活、自主地选择工作的具体时间，而不是遵守统一固定的上下班时间的制度。例如：

（1）灵活的工作时间：管理者允许员工早到或早退一个小时来避免上下班的交通堵塞情况。

（2）远程办公：远程办公通常是指在部分工作时间或者所有工作时间，员工在家办公或者在其他地点办公。凭借移动技术，众多工作职责都可以在家完成。

（3）累计工作时间：如果一个员工在某一天工作时间短于公司规定的时间，则可在其他时间段补上未完成的工作时间。

弹性工作制可有效提高员工的工作效率。据一项研究表明，弹性工作制可使员工的拖拉现象平均减少42%，生产率增加33%。因为在弹性工作制下员工可以按照自己的需要作息，更可能将他们的工作调整到最具效率的时间内进行。

此外，弹性工作制下员工拥有更多自主权，因而在工作时间内会更加努力和专注，以便实施他们颇为满意的时间表计划，更好地达到工作和生活的平衡。

但是，许多工作并不宜转为弹性工作制，例如百货商店的营业员、装配线上的操作工等，因此企业需要根据自身的经营状态和行业特征等进行合理协调，为员工打造更为愉悦和令人满意的工作氛围。

4. 为员工的健康投资

员工健康质量是关系企业人力成本及劳动效率的关键因素。企业可参考以下几个建议来帮助员工提升个人的身体健康状况：

（1）在茶水间提供健康的食物。健康饮食不仅能让员工保持精力充沛，还能提高工作质量。比如水果中的营养经身体吸收后会产生多巴胺，它是影响人类求知欲和积极性的重要神经递质，能改善员工的情绪，并提高创造力。因此，公司在茶水间为员工提供免费的水果、沙拉、酸奶等健康小食，将是个不错的投资。

（2）鼓励或培训员工做冥想正念。把正念冥想带到办公场所可以有效降低员工的压力，能帮助你的团队完全专注在当下——帮助员工在个人与专业层面上获得回报。如今，全美国有超过两千万人将冥想视为最热门的缓解压力和精神疲劳的治疗法。谷歌公司还开辟了专门的冥想空间，为员工设立一门情绪管理课程——搜寻内在自我的成长课，受到了员工的欢迎和追捧。据谷歌相关人员介绍，这门课程不仅帮员工提升了工作效率，还提升了生活与工作中的幸福感。

（3）定期组织员工做体检和心理健康测评。开展健康体检，能帮助员工清楚了解自身的健康状况，进而调整饮食和生活作息，更好地管理自身健康。同时，通过心理测评可帮助企业及时发现心理状态异常的员工，及时做出正确的引导和修正。

从细微之处关怀员工，注重团队沟通，实行弹性工作制，以及投资员工的健康等，这些措施都可以有效帮助员工更好地平衡工作与生活，保障企业的稳定发展。

本节思考

1. 你所在的组织是如何关心员工的生活的？

2. 观察一下，让员工工作和生活平衡了，是不是更有利于提升效率和执行力？

第七章 身为领导，你是团队执行力的镜子和天花板

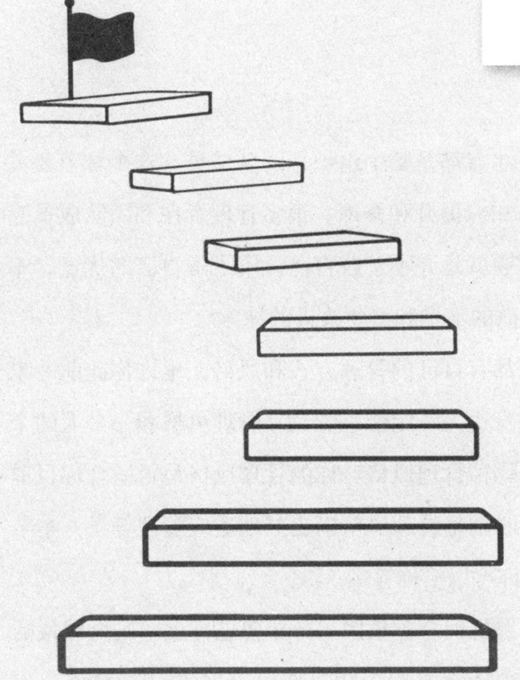

法则27 认识自我

——你的执行力如何

前面几个章节，关注点都是整个组织和团队成员，这个章节要关注的是管理者本身的认知、提升和修炼。很多管理者在和团队成员互动的过程中，最大的问题就是并不了解自己，不了解自己的优点，不了解自己在管理员工方面的不足和需要改进的地方。

在职场中，每个人都有自己的管理方式和风格，也许你此前并未意识到，但你的下属或身边人一定能感觉到。管理风格和一个人的个性、经历有关。你属于哪种管理风格？你的管理风格是否适合你目前的团队和环境？如何适时调整管理风格以更好地适应管理场景？本节介绍的六种管理风格也许可以给你答案。

全球著名的人力资源机构合益集团 (Hay) 曾进行过一次全球性的管理风格研究，他们从 2 万名高管中随机选出 3871 位作为样本，发现这些领导者展现的管理风格有六种，每一种风格都源于不同的情商成分，并且不同的管理风格对团队、部门甚至整个公司的工作氛围都会产生独特的影响，从而最终影响组织的表现。

命令型管理者

命令型管理者的主要特点是说一不二。他们发出的决策，员工必须无条件地执行。即使下属有不同的想法，他们也会通过命令和强硬的方式，让下属放弃自己的主张。诸如“按我所说的做”这样的表达是命令型领导主要的语言特点。而且下属在执行过程中出现错误的时候，他们会毫不留情地指出。

命令型领导多出现在一些比较简单明了的工作场景，如标准化操作的工厂、军队、体育比赛等领域。这些领域要求被领导者有效、快速地执行领导者下达的任务。除此之外，当员工违反规定、触碰底线时，他们也会用这种强硬的方式要求员工改变。

愿景型管理者

愿景型管理者会向团队成员描述团队前进的方向，而且会告诉大家这个方向是多么激动人心和意义非凡，同时会让每个员工都知道他在这个团队的成长中扮演着重要的角色，让每一个人意识到自己已经被纳入公司的愿景和目标之中。

描绘愿景是优秀管理者应当掌握的一项重要技能。比如马云、史蒂夫·乔布斯等领导者就是这样的风格。马云就经常用这种布道的方式，尤其是在阿里巴巴的早期阶段，他会跟大家反复强调阿里所要实现的伟大梦想。

亲和型管理者

亲和型的领导风格致力于培养良好、亲密的团队成员关系，它在乎人与人之间保持一种愉悦的氛围，建立跟员工之间的情感的连接。它的理念就是以人为本。亲和型领导者很擅长用赞扬和鼓励的方式去跟员工互动。

很多公司的人力资源从业者往往倾向于采用亲和型的领导风格。因为他们更关注怎样营造一个融洽的氛围。他们会更关注员工、更关怀员工，更希望让员工感觉到被尊重。但亲和型的领导风格不适于单独使用，因为亲和型的领导风格并不关注业绩的提升，它的第一关注点还是人和人之间的情绪和情感上的维系。还有一种需要亲和型领导风格的场景，就是鼓励员工的自我创新。此时，这种风格的领导允许员工在创新中犯错误，不会去过分关注员工做事的方式。

民主型管理者

民主型管理者很愿意花时间与团队成员以民主的方式建立信任，他们更在乎员工的参与感，更在乎员工发表他们的建议和他们在决策中扮演的角色。在决策时他们更倾向广泛地征求员工的想法和意见，并通过结合大家的建议和意见达成共识。民主型的管理风格在需要员工的意见和观点的场景下是比较合适的。比如，在团队文化建设中，我们希望团队文化属于团队共同的认知，要融入每一个人的行为和意识中，这时候就要用民主的方式。

标杆型管理者

标杆型管理者的风格正如它的名称所示，以管理者作为完成任务的标杆。管理者会设定一个非常高的绩效标准，然后亲自示范，并要求员工依照此种方式来操作。当员工做得不好的时候，他会立刻要求员工去更改或者提升。当员工仍然很难达到他的要求的时候，他会立刻想到尝试去替代这个员工。而且这些标杆型的管理者可能认为员工的能力弱，所以不会及时给员工反馈。

有时候员工的效率很低，他就更倾向于自己来做，这就是标杆型领导者典型的表现。在一些项目制的情境中，会比较多地使用标杆型管理风格。因为项目制的场景有很清晰的目标，有严格的期限，项目成员都是精挑细选的最优秀的成员，大家会合作得非常好，每个人的能力都很强。

在这种场景中，使用标杆型的管理方式可以让一个项目执行得非常顺利。由于标杆型风格有着前面所讲的一些缺点，所以它不能单独使用，否则会导致整个团队缺乏亲和力和凝聚力。这种风格在短期内对实现某些目标任务是有帮助的，但从长期来说，对于团队的持久运营是有影响的。

教练型管理者

顾名思义，教练型管理者能够跟下属一起分析他能力的长处和短处，或者工作上的优势和不足，把员工的优势、劣势跟他的工作结合起来。教练型领导者更关注员工长期的目标和发展，更关注个体的职业成长或职业规划，而不是短期的得失或成败。

在使用教练型管理风格时要注意，教练的素质和团队成员的学习意愿、成长意愿都必须很高。教练型风格不可能对每一个团队成员使用，只可能针对具体的员工去采用这种风格。

管理者可能不只具备一种领导风格，优秀的管理者会根据所处的场景不同选择不同的领导方式，并且可以不留痕迹地进行风格转换。比如，当一名公司的领导在考虑公司未来的发展，需要培养公司的接班人或高潜力人才的时候，他展现出来的应当是教练型的风格，对高潜力人才进行悉心呵护和培养，制定全面的职业发展路径和规划；当面临公司要进入新的技术领域的时候，比如进入AI领域，他在面对科技专家的时候，在听取建议的时候，要采取民主式的领导风格，集思广益，广开言路，尊重专业的力量；当公司团队内部出现害群之马，出现违反公司价值观的人的时候，他需要展现出来的则是命令式的领导风格，要能够做到坚定和威严。

本节思考

1. 你是哪种类型的管理者？

2. 你认为你应该调整自己的管理风格，去适应不同的职场环境吗？

法则28 找到规律

——学习领导力的有效方式

最好的学习提升执行力的路径之一，就是观察那些优秀的领导者。因为管理是一种过程和行为，因此我们有必要了解那些优秀的管理者的行为究竟是怎样的，是哪些行为让他们成为杰出的管理者。

《领导力》一书的两位作者库泽斯和波斯纳，在对全球数万名优秀领导者的行为深入研究后，总结出卓越领导者都具有的五种习惯行为，它们分别是以身作则、共启愿景、挑战现状、使众人行、激励人心。这五大行为激发着无数的未来领导者在模仿和学习。

除了这两位领导力大师给出的研究结果外，我还想给大家另外一个重要的研究数据，这个数据不是来自传统的管理或者商业机构，而是来自一家科技公司——谷歌。我们看下面这个例子。

在谷歌刚成立后几年，这家一向信奉“技术至上”的公司内，开始有员工质疑管理和领导的价值。谷歌内部员工出于对自身发展的认知，认为谷歌作为一个工程师文化的公司，管理者和领导者的价值是有限的或者负面的，所以他们提出了 manager doesn't matter（管理不重要）的观点。

这样的观点持续了几年，当谷歌发展得越来越大的时候，谷歌的创始人拉里·佩奇和谢尔盖·布林及核心团队对这个观点产生了质疑，到底管理和领导在谷歌有没有效果，是否产生价值，作为一家以数据说话的互联网公司，他们没有马上下结论。随后在谷歌内部发起了一项被称为 Google Oxygen（谷歌氧气）的项目，这个项目的目标就是研究到底管理和领导是否在公司扮演重要角色，优秀领导者的行为到底是怎样的，绩效好的团队和绩效不好的团队的差异何在。

这场研究耗时三年，对超过 5000 名管理者的行为和团队绩效进行了跟踪和深入的分析。研究的结果是，Manager does matter（管理非常重要），而且总结出了一个优秀领导者的十项最重要特征，这十个特征十分具体和易操作，所以我想分享给大家，供大家参考和学习。

1. 一个好的上司是一个好的教练

谷歌的研究发现，得分最高的上司往往都是出色的教练型领导者。正如我们在前面课程中所提到的，优秀的教练可以帮助员工释放潜能，并鼓励他们坚持不懈提升工作技能，最终改变他们的生活和职业发展。优秀的领导者可以通过关注每个成员的个人需求来成为合格的教练。

在整个管理过程中，优秀的领导者会经常注意自身的心态和团队成员的心态，定期与团队成员进行 1 对 1 沟通，充分关注每一个团队成员。同时在与员工沟通时，他们倾向于积极倾听并提出开放式问题，以提高团队成员自己的洞察力（比如“什么”和“如何”，鼓励发散性思维），这是教练技术的核心。此外，优秀的管理者还会提供具体和及时的反馈。

在体育界，你会看到这样的例子，那些优秀的世界冠军的成长之路，一定是和教练的培养息息相关的，这是激发人们潜质的最好方法。

在前面的章节，我向大家介绍过如何使用 Grow 模型来和员工沟通，成为一个好的教练。

2. 好的管理者给团队赋能，拒绝微观管理

研究表明，领导者可以用四种方式使团队成员得到足够的自主权以促进自身成长：

第一，他们不做微观管理，鼓励将工作委托给他们的团队，支持那些主动提出新想法的团队成员。

第二，给予团队成员提供建议的自由，让成员可以随意讨论，但是知道何时介入并提供建议，以避免或减少失败。

第三，信任团队，给予团队成员权力，并且不会过于频繁地核对任务的进度。避免微观管理有利于在团队中建立一种信任和负责的文化。

第四，最有效的领导者通常会意识到是自己为团队工作，而不是团队服务于自己。

在今天的互联网时代，BAT 的许多公司在营造管理模式的时候，关注的是如何给前方的成员提供更多的中后台的支持，以帮助他们成功，而不是局限于每一个动作的要求和指导，这样的方式在当今 90 后人群中已经无法发挥作用了。

3. 表达对员工个人幸福和成功的关心

研究表明，有效的领导者不仅在职业上表现出对团队成员的关怀，而且在每个成员的生活上也表现出关怀。

思想上关心员工，精神上鼓励员工，工作上爱护员工，生活上体恤员工。把员工当做朋友来相处，了解他们工作之外的生活。让团队的新员工感到受欢迎，帮助他们度过过渡期。

在谷歌等公司中，会倾尽全力对员工进行关怀和体贴，为员工提供完善的设施和福利，关心员工的健康和成长，并尽可能解决员工的后顾之忧。

4. 重视效率和结果导向

员工肯定都不想为懒惰的老板工作，他们宁愿成为一个成功而忙碌的团队的一员，如果领导者没有定下团队的基调，就很难获得成功。作为一个领导者，你更应该像一个楷模，当你不努力去为目标奋斗时，你就没法感染你的员工这样做，所以你应该保持高效率的工作状态，重视每件事情最后是否能达到最好的结果。

比如在华为，对优秀管理者的要求就是结果导向，功劳比苦劳有价值。

5. 好的领导者都是好的沟通者

研究发现，员工很重视管理者向他们展示足够的支持。管理者需要向员工展示并传达他们的关怀，这需要有同情心和较高的情商。这在专业和个人层面都很重要。了解员工的优势会帮助你获得更好的反馈，告诉员工你对他们的工作有多么在乎，你对他们的职业和职业目标多么感兴趣，会帮助你获得一个忠诚的员工。

今天情商在领导者的要求中越来越重要，越是高层，情商的作用就越凸显。

6. 好的领导者会支持员工的职业发展，并乐于与他们交流职业表现

大多数员工认为，为他们提供发展的机会，这是管理者的责任。许多管理者往往对于给员工做出建设性的反馈会犹豫，担心他们的反应。然而，这是团队发展过程中的一个重要部分，如果你的员工不知道他们需要做什么来改进，他们的职业发展可能会停滞不前。

提供可操作的反馈可帮助员工更好地成长。当你必须提供建设性的反馈时，首先要向员工解释他们做得很好来平衡他们的心态。还要确保你的反馈针对行动而不是针对个人，就如何解决问题提供建议，并讨论最好的解决方案。

管理者可以鼓励团队成员考虑各种各样的机会，例如横向移动（即成员在新团队中扮演相同的角色来开发新技能）或掌握某项技能，成为团队中的专家。

在许多500强企业中，对优秀管理者的一个重要要求就是关注员工的职业发展。

7. 对团队有一个清晰的愿景

研究发现，设定愿景是优秀管理者的重要行为。明确的团队愿景有以下几个作用：

（1）拥有共同的愿景对团队的成功至关重要，因为它可以让团队成员保持专注并朝着同一个方向前进。相反，如果团队缺乏重点、远见和相应的动力，这个团队就会面临极大的失败的风险。

（2）团队成员需要知道他们为何而战，一个清晰的愿景意味着团队中的每个人都知道他们要去哪里，他们是否在正轨，以及达到目的之后的收获。清晰的愿景可以帮助团队决定要做什么，可以帮助团队进行权衡并确定事物的优先顺序。在沟通决策时，管理者应该把任务与愿景联系起来。

愿景的价值毋庸置疑，不论是马云的阿里巴巴，还是马斯克的Xspace、特斯拉，都是愿景和使命驱动的公司。

8. 具备较高的专业技能来助力团队的发展

专业技术技能可以帮助管理者在团队中充当可靠的顾问，展示他们在其领域深厚的专业知识。管理者不仅是领导者，还是团队的参与者。

优秀的管理者不仅应该懂得授权每个人各司其职来打造成功的产品，同时也应该是某个领域的专家，而且在接到请求时可以帮助团队解决问题。

在一些互联网技术公司，如Foxmail，创始人张小龙的技术能力是帮助公司和员工成长的坚实基础。

9. 能够积极推动内外部合作

优秀的管理者除了在团队内部实行有效管理之外，还要有意愿和能力推动组织之间的合作，这样的合作以考虑整体目标为前提，推动自身管理的组织在其中贡献价值，扮演积极的角色。

10. 有很强的决策能力

决策就像战场的指挥官，这是赢得战争机会的重要素质和能力。

优秀的管理者一定是一名出色的决策者，他可以在不同场合和情境下，根据判断做出最优的决策，而管理的过程就是不断做出正确决策的过程。决断力是管理者的重要技能。

本节思考

1. 作为管理者，你在职场中是否具备上述能力?
2. 思考一下，还有哪些地方需要提高?

法则29 自我管理

——执行力发挥作用的基础

管理者需要良好的情绪控制能力

不知道你在职场中是否遇到过这样一些情形：清晨上班，刚到公司坐下，打开电脑，遇到老板今天心情不好，冲过来莫名其妙地把你骂了一通；或者你工作中有一点小失误，被领导抓住不放，反复指责。上司这样的行为，一定会对你的工作情绪带来很大的影响，还有可能导致你一天都缺乏工作热情。管理者这样的表现，就是在情绪管理上出现了问题。管理者必须对这个问题加以重视，因为管理者的负面情绪会蔓延，会对其他人带来不利的影响。

管理者需要高情商

如果你想成为一名优秀的管理者，非常有必要提升你的情商。卓越的管理者在情商方面都有优越表现，很多员工不一定希望自己的上司是天才，但希望上司能够体察下情，与下属关系融洽，这样才能极大发挥一个团队的积极性和创造力。提到情商，很多时候我们一定会和智商作对比。

大量的研究数据表明，人们取得的成就中，只有 20% 可以归功于智商，另外 80% 的非智力因素中，情商占据了绝大部分。有句话是这么说的：智商决定起点，情商决定上限。当你在一个组织内发展到一定阶段，比如 40 岁以上，决定你事业上限的将不是你的智商和技能，而是你的情商。

有些人可能会说，情商是由一个人的性格决定的，是很难改变的。好消息是，和领导力一样，情商同样也是可以学习和提升的。

管理者如何有效提升情商

“情商”这个词是由丹尼尔·戈尔曼创造的，是指处理人际关系方面的智慧，也就是我们有效管理自我和他人关系的能力。哈佛教授霍华德·加德纳在《多元智能》一书中提出了九种智能类型，而戈尔曼在此基础上进行了扩展研究。

传统教育只重点培养其中的语言和数理逻辑两种智能，而戈尔曼重点研究了其中的内省和人际智能，并将此发展成他的情商理论。内省和人际智能又各包含知识和管理两个领域、四个象限。你可以通过提升这四个方面来提升情商。

第一，提升自我意识或自我认知能力。

这个领域关注的是你对自己的认知，包括优缺点，同时与他人对你的看法形成对比。问问自己：我的优缺点有哪些？我对自己的认知与他人的看法一致吗？自我认知有 6 个方面的关键点：

（1）你要了解自己的情绪，要学会感受情绪并恰当地表达它们。

（2）了解自己的价值观。价值观决定了你的日常选择，你可能遵循也可能违背价值观。

（3）了解自己的沟通风格。我们都有自己偏好的沟通方式：间接或被动，坚定而直接，甚至咄咄逼人。我们也有自己的沟通模式：有些人以线性方式按要点分享信息，而有些人则以环形方式将信息交织在一起来表述要点。

（4）了解自己的工作方法，以及它对同事带来的影响，这将非常有帮助。

（5）了解自己的个性或气质，但这不是指你有多出色或多外向，而是基于心理学研究衡量你看待和对待世界的方式。

（6）了解自己的冲突处理风格，也就是处理冲突的方式。

第二，培养自我控制或自我管理能力。

作为管理者，你必须养成健康的方式管理你的情绪和行为。因为你必须先做好自我管理，才能管理他人。情感自我控制技能是情商的基石之一。我们身边缺乏这项技能的人比比皆是。比如有人乱发脾气或说话不经大脑，还有人缺乏耐心、不懂变通，固执己见。

研究表明，大多数难以保住工作或事业平平的人，都很难控制自己的冲动或推迟满足感。你可能经常看到身边的人因为冲动，无法控制自己的情绪而带来不良的后果。与此相反，具备良好自制力的人在工作效率和领导力等方面表现更出色。每个人都有难以自制的时候，例如，我在很多情况下都能很好地控制自己，但如果在我面前放个诱人的巧克力圣代，就不见得了。我们经常会遇到很多诱惑，但我们需要制定自我管理策略。

情商方面的研究表明，情感自制有两个重要时段。第一个是面临压力时，请记住，这时思维脑会停止工作，可以采取两种策略：一是意识到你被劫持了，二是用一些方法让自己平静下来。平静的方法有很多，比如深呼吸，吸气五秒和呼气五秒都很有用。或者写日记，大致记下一些想法或感觉真的很有帮助。也可以活动一下身体，比如散散步。或者和你的闺蜜谈几分钟，发泄一下情绪。关键是要做两三件能帮助自己平静下来的事情。第二个阶段，一旦平静下来，大脑就会恢复完全正常的状态。最重要的是不要在这个时候采取任何行动。需要的是等待，给自己留点时间，然后再行动。记住，人们很少会后悔等了几小时或几天，但往往会后悔行动太快。

第三，提高对他人的认知能力。

这些认知包括对他人的情绪、优缺点、个人需求、偏好、价值观和其他差异的认知。想一下你能读懂他人的情绪吗？你能预测他人的感受、需求和担忧吗？学会理解不同的想法和经历就像自我认知一样，你对他人的认知也要完整。

思考以下问题：你可以看到同事在工作中表现出什么情绪吗？你认为推动上司和公司高层行为的价值观是什么？老板的性情对他们营造的工作环境有什么影响？你对自己的这些方面了解越深，就越容易正确解读和识别他人的这些品质。花点时间想想上司和同事，从你和他们的对话和互动中，能推断出他们最重要的五项价值观吗？只要付出时间和精力，我们都能增进对他人的了解，进而实现更大的成功。

第四，提升管理人际关系的能力。

这里是指利用对他人的认知发挥他们的最大潜能，并加深双方关系的能力。如何帮助他人发挥最大潜能？你能区分有益和有害的冲突吗？情商的所有要素都取决于你的有效沟通能力。你要能够阐明自己的意思，并正确表达和理解他人的意思。与他人沟通时，你要注意语言和非语言暗示，并做出相应调整。这对大多数人来说都极具挑战性。情商高手后续会查看沟通是否失效，如果失效，会重新沟通。关于提高沟通能力，这里分享几个沟通技巧。

（1）在沟通时，要做积极的倾听者。能否了解和理解他人取决于你的倾听能力。积极倾听是指你专注于他人的说话内容和方式，而不只是考虑你想说的话。

（2）回馈你听到的内容，确认真正理解，要允许对方纠正。

（3）在沟通信息时，务必考虑信息的潜在影响。

（4）明确分享沟通的目的，这样接收者更有可能听懂你的意思。

（5）避免过度概括或夸大事实。

（6）讲述自己的经历，用第一人称表达，比如“我认为”或“我感觉”。

（7）再次让他人分享自己的理解，确保信息的影响与预期相符。

（8）学会读懂他人的感受、需求和顾虑，可提高沟通的有效性。

本节思考

1. 你在认识自己、自控、认识他人以及与他人建立关系这四个方面目前是如何做的?

2. 在自我管理方面，你有没有需要提升的地方? 你将如何通过刻意练习去改善自我?

法则30 学会授权

——权责匹配的授权才能达到预期目的

每个人的精力都是有限的，为什么有的管理者可以驾驭很多事情，而有些管理者负责了几件事后，就已经忙得不可开交了。如果你希望在事业的阶梯上不断向上，管理更多的人和事，那你就有必要掌握授权。授权是指上一级的管理者将工作指派给其他人来完成的过程。这是管理者扩展管理范围所必须掌握的技能。说到分配工作，可能你会说，这还不简单吗，我每天都在做分配工作的事情。

但我想问你几个问题：

（1）当你的下属接收到你的工作后，能按期交付你想要的内容，达到目的吗?

（2）当你授权后，你的时间和精力是不是真的释放出来了呢?

（3）你有没有体会过帮助下属收拾烂摊子的感觉呢?

有效的授权可以帮助管理者提升生产力，降低压力水平。但是在现实中，很多授权都是无效或者不完全的。那到底该如何做到有效授权，真正把自己释放出来呢？我们来看一个案例。

蚂蚁金服是我辅导过的一家准备上创业板的民营企业的股东之一。该公司的主要业务是线下商户的移动终端开发以及管理。有一年，这家公司准备开展一项新的业务，指派原产品线的一名负责人牵头负责这个新产品线的开发，并且为此成立了新的事业部，重新规划组织团队，设计商业模式。这位产品线负责人觉得这个新业务非常有前景，老板又很支持，信心满满，便做出了详细的业务规划和执行路径。

在执行过程中，因为老板对这个项目非常关心，每隔一两天就召集全体成员一起分析业务发展、产品设计，甚至是某个人员的具体工作安排。原来的情况是这位新产品线负责人提出方案，包括人员的计划安排，全体成员一起参与分析，后来变成了团队成员听取老大的建议和安排。老板一直在跟产品线的负责人说，我全权委托你做这件事，你就是这个业务的领导者，可是最后所有事务的安排，包括很细节的安排以及过程的监控，都是由老板全权执行。最后，这名产品负责人变成了执行者。

事后，老板责怪这位负责人挑不起大梁，赋予他权力却达不到预期结果。这位负责人却说，他对这个工作完全没有掌控感，无法执行和发挥作用。后来，这个新业务线不了了之。

这是公司内部授权会出现的一个典型问题，管理者希望授权，员工也愿意接受责任，但工作却未达到预期。

这也是管理者在授权过程中通常遇到的问题情况之一：表面授权了，但实际权力并没有授出，最终工作还得由管理者做。另外一种情况是：授权后就不管了，等结果。

那么，管理者如何做好授权呢?

首先我们要看一下我们该授予的是什么。授权应该包括以下三部分的内容：**授予权力，授予责任，授予信任。**

想做好授权，我们要遵循有效授权的四步法，分别是：评估、移交、支持和汇报。这四个阶段是线性的，意味着你需要在进入下一阶段之前完成上一个阶段的任务。

第一个阶段是评估。

这个阶段需要评估两个方面的内容，第一个是什么内容可以授权。管理者在授权过程中，要清楚地知道，哪些工作可以授权，哪些工作不可以授权。这要考虑到工作的重要性，比如有些战略层面的合作沟通，可能需要由你出面；而一些具体的运营执行，则可以授权。

第二个是评估被授权员工的特点。要清楚知道你的员工以及被授权员工的能力特点，比如要知道哪个员工可以完成这个工作，员工需要什么支持和协助。举个例子，你授予员工的工作需要一些财务知识，而这名员工欠缺财务知识，那么就需要你给这名员工提供一些协助和支持。

第二个阶段是移交。

在移交的阶段，你需要和员工进行一场正式的沟通，包括授权工作的目标及期望。不要非正式地在随意的场合委托员工一项重要工作，这样他不一定能接到你的指令，或者对被交代工作的重要性把握不足。

在沟通中，要向对方介绍这项工作的背景原因、动机目的，以及目前可以利用的资源和团队组织的安排。在告诉对方目标和期望的时候要注意，不要对工作中的每一项工作细节给出具体的指令和要求。还有很重要的就是要告知对方为什么选择他来做这件事。在沟通过程中，如果对方就这件事的执行提出问题、要求以及表达出疑惑和顾虑，管理者要以同理心予以考虑，打消对方的顾虑，并给予支持。

比如你想要授权一项工作给一个成员，一个好的授权沟通是这样的："我们市场部有一个新的项目希望由你来完成，因为在杭州开发的新业务近期需要一些推广，我们希望通过这次活动提高我们在这个市场的份额，获取3万用户量。

在这个项目中，A组的成员会由你负责管理。同时，杭州当地的合作伙伴已经在和我们沟通中，他们表示愿意积极支持我们。因为你是我们市场部的资深经理，前期深圳市场的开拓也是你去的，很有成效，因此，我们希望这次你也可以肩负起这个任务。希望你下周末前有一个详细计划给我们。看看你有没有什么问题……"

在这个阶段，授权者和被授权者对授予工作的目标要清晰一致，团队成员应当清晰知道工作想要达成的目标，而不只是被授予一项工作。比方说：你应当告诉你的团队成员，"我们希望你的工作能让我们在下个季度实现这个新产品的上线，而不只是开发这个产品。"

第三个阶段是支持。

在员工执行被授权的工作时，管理者要给予关注。授权不是到时间点等待结果的过程，而是在过程中对一个个关键节点进行关注，确保工作在正常的轨道上行进。

在执行阶段，管理者还要注意的一点是，要避免微观管理。如果事事都不放心，都要参与决策，员工就无法完全放手做这件事，从而还会出现前面案例出现的情况。当然在这个阶段，要确保提供给员工所需要的相应资源，使得工作可以顺利推进。

第四个阶段是汇报和总结。

被授权的员工将工作完成后将结果告知上司，这可能出现两种结果，一种是达成预期。还有一种是未达预期，这时候，上司不应该把下属当作替罪羊，那样只会损害你们两人之间的信任，并且显得你不够担当。你们应该共同面对这个问题的结果，并进行总结，分析哪些方法运作良好，哪些地方导致问题出现。

最后，授权过程中经常出现的问题，除了流程上要注意的问题，还有管理者的心态问题。其中最重要的是管理者对下属的信任。授权是基于对下属的完全信任，如果没有信任，授权就会出现像前面那个例子一样的结果。因此，信任是授权的基础。

本节思考

1. 你是一个善于授权的管理者吗？

2. 你有过授权失败的经验吗？如果有，分析一下是什么因素导致的。

第八章 提升团队执行力的效率

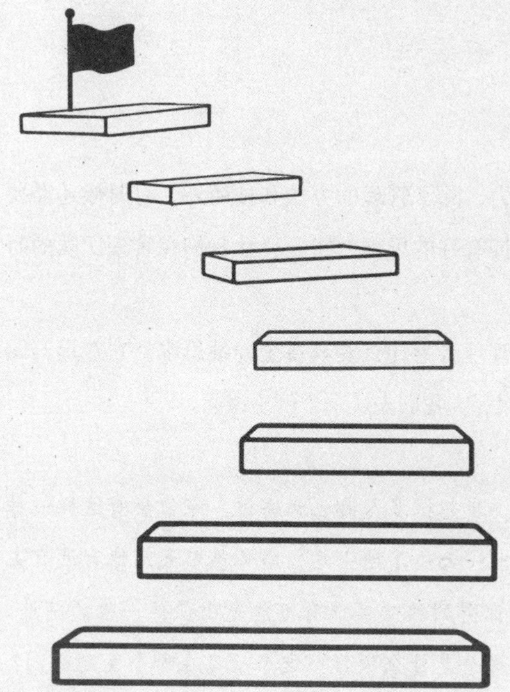

法则31 全局思维

——俯瞰全局，才能做到最优选择和执行

想提升团队的执行力，除了管理的方法和技巧外，有时候还需要提升我们的思维能力。拥有好的思维方式，会让我们在管理团队的时候事半功倍。

首先是全局思维。管理者为什么要具备全局性思维？它在提升团队执行力方面有什么作用呢？我们先从一个例子说起。

上海的迪士尼乐园，我想很多人都已经去过。经常会有这样一种情形发生：你的小伙伴前一天去了迪士尼，当你第二天问他有没有去玩过某个项目的时候，你得到的回答很有可能是小伙伴一脸的茫然。他可能会问你，你说的那个是什么项目？这个项目在哪个主题公园？

我怎么好像完全没看到？

为什么会出现这样的情况？我们知道迪士尼是一个占地面积非常大的项目，有七大主题园区，其中包括探险岛、宝藏湾、明日世界等，而在每个主题园区中又包含许多游乐项目。

早上当迪士尼乐园的大门打开后，很多小伙伴可能就直接冲进了某一个园区，然后在那里排队游玩。每个项目大概要排半个小时的时间，甚至有些项目会排一到两个小时，很快一天的时间就过去了。到晚上 9 点钟放完烟花，也许你就离开迪士尼了。

按照这样的玩法，确实有很多项目是你未曾去过的，所以你根本不知道这些项目都是什么样的内容，最终导致你对迪士尼的认知是局部的。这就是我们在认知一个事物的过程中，发生了只是身在其中，而没有俯瞰全局的情况。就像那句古诗所说，“不识庐山真面目，只缘身在此山中”。

团队管理也是如此。管理是一个非常系统的工程，作为一名管理者，或者一名 Leader，怎样才能把所有的情况变换成一张全局图，做到了然于心呢？这就需要有全局思维。

全局思维，是一切从系统整体及其全过程出发的思想和准则，从客观整体的利益出发，站在全局的角度看问题、想办法，做出决策。

全局思维的核心，是帮助管理者避免“只见树木，不见森林”的情况。它要求人们无论干什么事都要立足整体，从整体与部分、整体与环境的相互作用过程来认识和把握整体。只有保持全局思维，才能抓住整体、抓住要害，才能不失原则地采取灵活有效的方法处置事务。缺乏全局思维，管理团队的时候，你可能会摸不着头脑，不知该如何做，也不知道问题出在哪里。

掌握全局思维，能让你学会将视线从小的细节转移到整体大局上，以此出发，再去规划细节的执行和安排。这样才能保证你的解决方案是从整体目标和利益出发的，具体的执行过程也是为了整体目标的实现而设定的。

如果按照全局思维我们再看看正确的迪士尼玩法应该是怎样的。我们应该做的是在入园之前，先拿一张迪士尼的导览图。在这个导览图上我们可以清晰地看到，迪士尼里面包括哪七大主题园区，了解了每个主题园区的特点是什么，每个主题园区里面又包括哪些经典好玩的项目，这样就可以合理地分配自己的时间，去安排在这一天当中要去玩哪些项目，时间顺序的安排又是什么样的。这样，当你玩一天回来之后，你对整个迪士尼乐园的认知才是全面的。你可以告诉你的小伙伴，我是真的去过了，而且知道每一个园区里面大概的情况。虽然有一些项目是我没有玩过的，但是我知道它们都是怎么回事。

同样，对于团队管理来说，如果我们没有一张导览图，也会出现“一叶障目”的情况。不知道你有没有过这样的感觉，虽然你读了很多管理类书籍，每天也看了很多公众号推送的文章。看的时候，你好像觉得“于我心有戚戚焉”，都很有道理的样子，但是到了真正要在工作中去解决具体的和团队管理相关问题时，你却觉得无计可施，不知道从哪里下手，也不知道什么是对的，什么是错的。

这时候就需要培养自己对团队管理的全局意识，这样你才可以判断什么地方是什么情况，出了什么问题，如何去解决。

团队管理画布

全局意识可以从一张全局图（图 8-1）——团队管理画布开始培养。

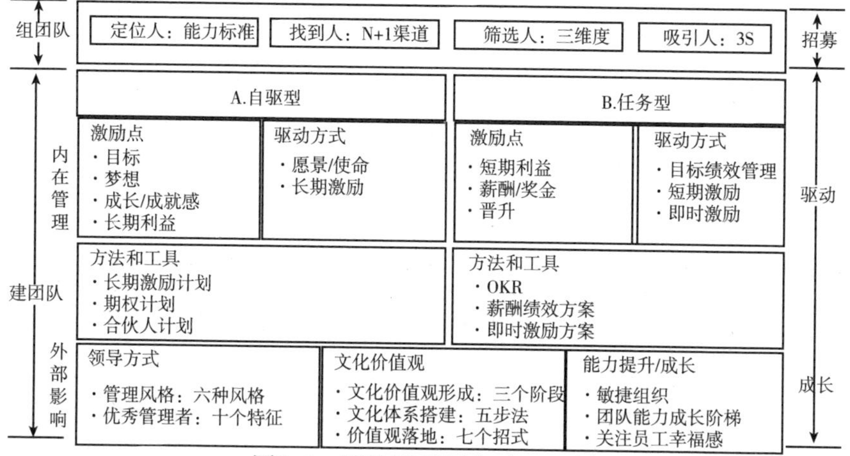

图8-1　图队管理画布（TMC）

这张图涵盖了团队管理中 90% 的内容，通过这张导览图能让你清晰地认识在团队管理的过程中，最需要关注的问题和模块有哪些；每个模块出了问题后应该用什么样的方法去解决。这样，在你心中就有了整个管理布局的全部信息。

接下来，我们一起来看看这张能够提升全局意识的团队管理画布。

1. 团队招募

团队管理画布的上部要告诉大家的是，在团队管理的招募过程中，你应该关注哪些内容？你应该如何去吸引你的员工？在员工面试和认知的过程中，在辨识员工的时候，你需要做哪些事情？这是第一个关于搭班子的模块。

2. 团队目标和激励

第二个大的模块旨在告诉我们，作为一个团队的管理者，如何去有效地激励员工，让员工为团队目标而不断地努力。

在激励的过程中，要区分不同的员工类型。有些员工属于自驱型的，在他们心中，对于团队目标和愿景有着认同感。还有一类员工，他们对公司的未来发展并不感兴趣，他们只关心自己今天的状态。

所以在这个过程中，需要采用类似 OKR 这样的一些管理方法，让大家协同去完成团队的任务。

3. 团队文化

整个团队表现得好坏，文化起着至关重要的作用。很多人会觉得文化是一种很虚的东西，但其实每一个伟大的公司，最后成就它们的一定是公司文化。

文化是管理的最高境界。作为管理者，你应该怎样去认识它？它是怎样形成的？你应该如何打造团队的文化价值观体系？文化怎样才能不像口号或贴在墙上的标语一样，而是能最终渗入组织内部，体现在每个员工的言行举止中？这是你需要去思考的。

4. 领导风格

对于一个团队表现的好坏，还要关注 Leader 的风格？对于不同的 Leader 来说，哪怕是同样一支球队、同样的队伍，由不同的教练来领导，成绩都会截然不同。

所以作为管理者，你的表现风格是什么样的，你应该怎样去提升自己的领导力？问题到底出在哪里？这是你需要去关注的。

运用全局思维的意义

第一，迅速抓住问题本质，提升解决效率。全局思维要求我们站在系统的角度，思考问题产生的背后原因。也就是说，从一开始我们在面对一件事情的时候，就已经站在了问题的最高点，对整体有了精准的把握。

微软有一道招聘题目：怎样为比尔·盖茨设计浴室？要回答好这个问题，就要明白这个问题的背后到底有什么用意。微软的一位管理层说过，要解答这个问题，首先要想好一个主题。一般可以从两个方向出发，一个是设计出符合比尔·盖茨需求的浴室；还有一个方向是，你觉得适合比尔·盖茨，但是他本人可能没有想到的设计。

其实这道题并没有唯一的正确答案，它就是在考察一个人的全局思维能力。

第二，对产品或项目进行优化。通过更深入地了解问题的本质所在，我们就能更加清楚地知道，我们去设计一个产品，或者执行一个项目的最终目的是什么。这意味着，我们的方案是完全为产品和项目的最终期望出发。当产品或项目有缺陷的部分时，由于我们已经很清楚我们的目的，就能很快找到不符合要求的地方或问题所在。这样就能找到产品的薄弱之处，发现项目偏离轨道的环节。

第三，更有效地处理复杂问题。有时候，为了快点解决一个问题，会让我们思考问题时习惯性地只从眼前出发，最终可能会发生一些意想不到的不良后果。但是全局思维要求我们必须摈弃这种习惯，这就要求我们长远地考虑问题。这样即使是面对复杂的问题，也可以快速地找到关键点，大大地提升效率。系统思考还能保证我们的解决方案不偏离问题的初衷，保证接下来的每一个解决步骤都是有效的，不会浪费时间和精力做无用功。

第四，改变思考、沟通和行动的方式。从小的思维习惯开始改正，会对未来产生巨大影响。通过全局思维的训练，以往的单点式思考模式就不再成立，思考方式会更加立体化，考虑的内容会更加全面。实现从眼界狭窄到高战略层次的转变。

时代变得越复杂，挑战也变得越艰难，很多时候我们遇到的问题都不会是单纯涉及一个领域的。全局思维可以帮助我们更好地适应这样的世界，使我们知道需要获得什么样的帮助，做什么样的准备。这样我们和其他人协作的时候，沟通才会更加顺畅明了，每一步都是在向前推进的。

对于管理者来说，更需要了解这种系统思考方式，来帮助组织将任务和目标细分，增强实践效果。为了让团队朝着一个方向出发，管理者需要组织好各种各样的员工，将个体的工作整合到一个整体中。

如何培养全局思维来解决问题

1. 给自己设定更高的要求和目标

每当跨越过一定高度之后，要思考如何一小步一小步地实现设定的目标，来为之后更大的目标铺平前方的道路。

2. 给自己充足的思考时间

短时间的思考可能也会想出一个不错的解决方案，但是并不会一直如此。长期来看，充足的思考时间有利于自己想出一个更完善的解决方案，也会节省调整和纠错的时间。

3. 偶尔挑战一下权威

越复杂的问题有时候越需要打破常规的思考模式。亚里士多德的“从高处下降，重的物体一定比轻的物体先落地”的理论一直延续了近2000年，直到伽利略用反复的实验将其推翻。哥白尼打破地心说，爱因斯坦打破牛顿经典力学……权威有时候是可以被推翻的，你需要足够坚定的内心和合适的思考方法。

4. 记录自己的想法

有时候好创意稍纵即逝，需要把它们记录存储下来，预备将来的不时之需。也许有些想法会不切实际，但是你可能只是缺少实现条件。过段时间整理一下这些创意，你可能会有新的联想，这都可能帮助你解决眼下的麻烦。

5. 设置时间指标

一味地陷入思考也是不可行的，缺少时间节点，会让你的效率降低。给自己一个期限，给自己一点压力，逼迫自己在限定时间内想出答案。其实这样的思维方式，不仅适用于职场的管理，在任何时候，你的思维格局都应该先有整体，再有局部，先俯瞰全局，再探究局部。

全局思维的方式能使你随时保持方位感，不会迷失，你需要做的只是在需要深入研究的局部花更多的精力和时间。

本节思考

1. 遇到事情，你有没有从全局出发去思考?

2. 在你的头脑里，有没有一张团队管理的全局思维图?

法则32 结果思维

——事事有回音，件件有回复

第二个要向你介绍的提升团队执行力的思维，就是结果思维。这个思维要灌输到整个团队中去，每个人都具备结果思维，这样的执行才会有成果，才会越来越接近团队目标。

结果思维与过程思维

和结果思维相对应的，叫作过程思维。我们看看在现实中，这两种思维会对人产生什么样不同的结果。

在你的身边可能有这样一类人：读书时，去图书馆自习，摆出一本书正襟危坐，期间却打电话、看微信、翻杂志……直到自习结束时，书也就翻了几页；找工作时，面试大都随意，美其名曰“随缘”，最终“随”到了一个不好也不坏的工作，事后诸葛亮地发现这份工作的性质、内容及工作地点等都不适合自己；进入职场后，由于不热爱本职工作，表现为不拒绝不主动，美其名曰“享受过程，慢慢成长”；在工作中，领导给予的评价一直是无功无过，一般般；很多时候，工作只是“做完”，却谈不上“做好”；眼看同期的某某当了管理中层，眼看晚一批进单位的某某成了业务骨干，再看看自己，混迹了多年，至今毫无建树……这种人身上最大的特点，就是“享受过程”，不求结果。这是一个万金油借口，但却是个很危险的存在，会慢慢地吞噬一个人的时间、斗志和希望。

做事情遵循“过程思维”和“结果思维”，会让人和人之间产生极大的差异。对于过程思维的人来说，学习是任务，而对于结果思维的人来说，学习的目的是追求知识的运用；对于过程思维的人来说，上班是任务，而对于结果思维的人来说，工作是创造价值的过程；过程思维的人觉得开会是任务，而结果思维的人认为开会是要解决问题的。缺乏结果思维会让我们感觉自己忙个不停，却一事无成。

结果思维是指在做一件事情的时候，关注这件事情产生的价值、结果和进步，以此来指导具体的工作内容。简言之，是一种以结果为导向和价值衡量的思维方式。结果思维关注做事情要达到什么目标、取得什么效果，同时思考达到这样的目标和效果需要用什么样的过程来加以保障。就是以结果来优化过程，同时注意以过程来保障结果的思维方式。

在结果思维的应用中，有三个要素：时间限定、有价值、可考核。时间限定是指结果具有时效性，一旦越过时间限定就可能导致实施结果的最终失败；有价值是指结果具有实效性，即结果可以用来交换，以支撑最终目标的实现；可考核是指结果具有可视性，而非模糊的概念。 结果思维的模式就像登山，你心中必须有在既定时间登顶的目标，你的每一步才有意义。这也是我们在职场需要具备的做事原则。

如何利用OKR法则达成目标

风靡全球，被全球众多优秀公司效仿的公司目标绩效管理方法 OKR 正是遵循结果导向原则的管理工具。在 OKR 中，要求先设定工作的目标，其中 O 代表做一件事情要达成的目标，然后列出达成这个目标要做的工作 Key Results（最终结果）。这就是目标和过程的完美结合。

举个例子，如果你是一个产品经理，你对自己的要求是，每天你都要做开发这个产品的工作，这样的要求可能会使你陷入每天繁杂的工作中，而失去正确的方向。

而以结果为导向的方式，比如以 OKR 的结果思维导向方式来完成这个工作。

首先，你要给自己设定清晰的目标，比如 9 月 1 日产品上线，并在上线当月注册用户数量达到 1 万。这是你的结果目标。为了达到这个目标，你需要过程的监控，包括：

（1）你要在 7 月底完成第一个版本的产品的真实上线。

（2）在 8 月对 1000 名用户进行灰度测试。

（3）在 8 月完成多个在线渠道的合作。

这样以始为终的方式，才能确保你在 9 月份完成工作目标，并在过程中确保一直在正确轨道上，不偏差。这种结果思维的工作方式，能让我们每一分钟的付出产生真正的效果，并且随着时间的推移产生截然不同的结果。

缺乏结果思维在公司层面和个人层面都会带来问题。公司层面，如果缺乏结果思维，我们在开发某个功能的时候，只是为了开发而开发，并不考虑这个功能对于这个产品真正的价值和意义，或者这个功能最终到用户那里呈现出的用户体验。这样的开发虽然花费了时间和人力，但却是价值有限的工作。

从个人角度来说，如果你在完成上级给你的任务时，仅仅从时间角度考虑完成的过程，而不去考虑你完成这件事情带来的效果和价值，不去思考产生"超出期望"的结果，那你在领导心目中将永远是一个一般的员工，而不能成为优秀的值得信赖的员工。因为优秀的员工会考虑这件事情带来的价值，积极推进事情的进展，而这正是领导所期望的。

那么，该如何培养自己的结果思维呢?

在麦肯锡一份对全球优秀管理行为特征的研究报告中指出，结果导向是优秀管理者应当具备的前三项重要能力之一。想要实现结果思维，请参考以下几个建议：

（1）在任何时候，都要考虑这件事情的价值和目标。这件事对什么人群、用户，或者内部的真正价值意义是什么，需要达成什么样的目的。如果没有产生影响和价值，那这件事情只是在填充时间，浪费时间。

（2）将目标分解成一个个需要达成的任务和里程碑，在过程中严格执行。将目标分解，有利于控制过程中任务的进度和成果，便于随时做调整。

（3）衡量工作的价值时，以质来衡量工作成果，而不仅仅是量。

最终有价值的是一份有质量保证的工作成果，而不是达成工作量就可以了。一份没有质量的工作成果没有任何的意义。

（4）关注结果的过程是有难度的过程。因为需要突破和解决，当你做事情的过程平淡而毫无压力时，那你就要警惕了，你可能并没有创造好的结果，或者你应该提升工作内容的层次和目标了。

最后请谨记，结果思维是一种有目标有方向的思维方式，努力和付出很重要，但更重要的是追求有价值产出的努力。同样是工作 1 小时，有结果的工作才是有效的，如果一味秉持“没功劳，有苦劳”的思想，那么付出的时间和精力就会是低性价比的。当然，结果导向思维也不能走向另一个极端，就是凡事只考虑结果，不关注过程。没有好的过程的监控和执行，也是达不成好结果的。

本节思考

1. 在工作过程中，你是不是事事都关注结果呢？

2. 在分配工作时，你有没有关注时间限定、有价值、可考核这三个因素呢？

法则33 清单思维

——高执行力者的必备

这一节要讲的思维方式和效率有关系，职场中的高效者往往都具备这种思维方式，我们称为清单思维。

想象一下，同一时间你碰到了这些事情：

◆ 老板要你两天内完成一个项目方案的设计

◆ 正在进修的职业课，本周有一份作业要交

◆ 供应商那边出了纰漏，必须要你赶过去盯着

◆ 团队的绩效考核数据该写成月报递交了

◆ 下午部门有一个汇报会是你负责的，从人员通知到后期记录都需要你来做

……

看到这里，你的脑海里是已经清晰地知道自己要做什么了，还是觉得一团浆糊，一个头两个大呢？在生活和工作中，意外情况总是比计划发生得要快，我们常常要多线处理各种事情，在这种时候，有些人能有条不紊地解决问题，有些人则会在原来问题的基础上制造出新的问题。如果你去向前者请教，往往会发现他们有一个共同点：拥有清单思维。

什么是清单思维

简单来说，清单思维就是把需要做的每件事以清单的形式进行整理，把原则和关键点写下来，并严格按照清单推进，这样就可以将成功的可能性提升到最大。而清单要素的筛选，必须坚守简单、可测、高效的原则。

你或许会说：列清单，那有什么难的？不错。每个人都有列清单的经历，从年初的年度清单，到各个阶段的梦想清单，甚至去超市购物前都会列一张购物清单。但是，你真的“会”列清单吗？随便写下的一二三四五个事项，到清单思维的转变，这中间的差别在哪里呢？

以我们开头提到的那些事件为例。首先，我们要在工作范围内写一张泛清单，也就是宽泛大致的事件安排。在这张泛清单上，你会按照五件事发生的先后顺序来写，还是按照自己的喜好来排序呢？正确的做法是按照优先级排序。这里有一个小诀窍：紧急且重要的排第一，紧急不重要的排第二，重要不紧急的排第三，不重要不紧急的排在最后。

那么开头的五件事的排序就应该是：

（1）监督供应商解决问题。

（2）组织策划汇报会的事宜。

（3）收集数据并编写月报。

（4）完成项目方案设计。

（5）完成职业课作业。

怎么样，是不是突然觉得思路清晰了很多？

如何使用清单思维

清单列好后，接下来就是重头戏——怎样为每件事情列一个清单。

【案例】组织策划汇报会议清单

第一步是会前准备：

（1）确定会议的具体时间、地点、议题、目的。

（2）确认参与汇报会的人员名单，通知相关人员参会，附上会议的议题给参会人员提前思考。

（3）物资准备：包括纸质材料，比如签到表等；电子材料，比如PPT、投影设备等。

第二步是会议中的执行部分：

（1）在会前十分钟，确认人员的到达情况。

（2）把控好会议时间节点，推动会议正常进行。

（3）记录会议内容。

（4）会议最终总结，就议题达成共识。

第三步是会后工作：

（1）将整理好的会议纪要发给与会人员，确认记录无误。

（2）根据会议中达成的共识及分工，推进工作的完成。

这是根据过往经验，将组织策划汇报会的关键点列出来的一张清单。它并不完美，还需要在实践中接受检测和改进，但这也正是每张清单应该具有的特性。一张合格的清单并不是随手写出来的，它背后的核心是标准化和流程化。将某件事的经验总结成一个运行逻辑，根据逻辑罗列清单，这才是清单思维要教会我们做的事情。

清单思维有多重要

首先，最重要的一点是它解放了我们的大脑空间。重复性的工作繁杂琐碎，记住它们不仅费时费力，还容易出错。但是按照清单推进，在保证成功率的同时，我们也有了余力去思考如何优化流程，提高效率。

其次，运用清单思维以后，很多你原本认为无从着手，从来没有接触过的事情，也能够梳理出基本框架，帮助你对这件事有一个更好的认识，从而解决问题。

最后，在团队协作中，清单思维能发挥出你想象不到的作用。对民航稍有了解的人都知道，从一架飞机起飞之前的准备到它顺利降落后的检查，中间协作的机务、乘务员、飞行员、空管等工作人员，都必须严格按照各自的清单，检查飞机的每一项指标是否正常。也正是因为清单思维的贯彻，航空业的事故发生率一直很低。

还有一个行业，工作繁琐程度与航空业相比有过之而无不及，那就是医疗。《清单革命》这本著作就是一位医生——阿图·葛文德（Atul Gawande）写的，他在书中举了许多例子，都是清单思维为医疗行业带来改变的佐证，此处不再赘述。

怎么培养清单思维

四个字——刻意练习。清单思维是一种应用非常广的思维方式，生活和工作中的任何方面都可以用来练习。该大扫除了？那就列张清单吧！该做工作计划了？赶紧列张清单吧！所有你能想到的但没有办法完美达成的事情，都可以列一张清单，清单思维的养成就是从手边第一张清单开始的。

当然，别忘了严格按照清单的期限等要求去推进，然后根据实际的反馈改进你的清单，直到形成一个可以稳定运行的机制。当你碰到任何问题，都能在脑海中进行分析、逻辑梳理、列出清单的时候，你就拥有了清单思维。列清单的流程和格式可以参照之前我们讲到的几个例子，多多练习。清单思维的掌握并不难，秘诀就是“熟能生巧”。

很多人会觉得什么事情都列清单会不会太麻烦？当然并不是什么事情都需要去列一张清单，那些你理不清楚，完成度低的事情才需要列清单，如果你对一件事情的流程已经很清晰了，那就不需要列一张清单出来了。

之所以鼓励大家多列清单，是因为我们前面说的学会应用清单思维的方法是“刻意练习”。不要怕麻烦，当你把不熟练的一类事情列好清单并严格按照清单思维的要求执行后，你会发现你对这类事情的把握越来越熟练，之后再遇到这类问题就不需要再列清单，而能自如应对了。

总而言之，清单思维是一种帮助我们打开新世界大门的思维方式，它可以提高效率，节省时间和精力，而我们需要做的，就是拿起手里的纸笔，开始清单革命。

本节思考

1. 工作中，你有使用清单思维的习惯吗?

2. 思考一下，你平常做的哪些事情，如果使用清单思维会更高效?

法则34 反碎片化

——别让低效方式毁了你的工作

这一节要讲的内容，是今天在职场非常常见的一种情形，这也是许多人的生活方式。但这样的生活方式，如果没有刻意管理，就会让我们离结果和效率越来越远。

例如，本来你计划下午利用三个小时撰写一份商业提案，但是在做 ppt 的过程中，总是忍不住看看朋友圈，回复一下好友消息，又顺便看了看有没有人发邮件给自己，再写一会儿又去打个电话，跟同事讨论一个问题，结果一天下来，方案毫无进展……

很多管理者也说，现在上班太忙，根本没有时间看书和深度学习，在碎片化的时间里，似乎只有刷抖音和玩游戏能给自己带来短暂幸福感……

抖音、王者荣耀等娱乐 App 正飞速占据着人们的碎片化时间，某种程度上它们的确能给我们带来短暂的快感，但是却很少能提升我们真正的思考能力和知识。而且这些 App 会大大降低我们深度工作和学习时的专注力，甚至毁掉我们的自律能力。

尼尔·波兹曼曾说："一切公众话语日渐以娱乐方式出现，并成为一种文化精神。我们的政治、宗教、新闻、体育、教育和商业都心甘情愿地成为娱乐的附庸，毫无怨言，甚至无声无息，其结果是我们成了一个娱乐至死的物种。"

我们正活在一个娱乐至死的时代。你是选择顺从这个时代的淘汰机制，成为因自制力缺乏而被淘汰的那一批人，还是及时惊醒，不让娱乐至死毁掉你的人生？

这里推荐你用"20/80 的思维法"找到有价值的事，培养深度工作的好习惯，不让你宝贵的时间被碎片化。

什么是"二八法则"

"二八法则"是 19 世纪末 20 世纪初意大利经济学家帕累托发现的。他认为，在任何一组东西中，最重要的只占其中一小部分，约 20%，其余 80% 尽管是多数，却是次要的，因此又称"二八定律"。帕累托从大量具体的事实中发现：社会上 20% 的人占有 80% 的社会财富，社会上 80% 的人占有 20% 的财富。即财富在人口中的分配是不平衡的。本节主要介绍如何去运用"二八法则"，提高我们的工作效率。

如何践行“二八法则”

第一，目的性。我们要辨别事情的重要程度，了解我们现下所需达到的目标。

第二，次序性。紧急的事情大于不紧急的事情。

第三，分主性。帕累托定律告诉我们：把 80% 的精力放在最重要的事情上。

第四，满足感。如果这件事并不能给我们带来满足感，那为什么要去做呢？

我们利用图 8–2 来进行分析。

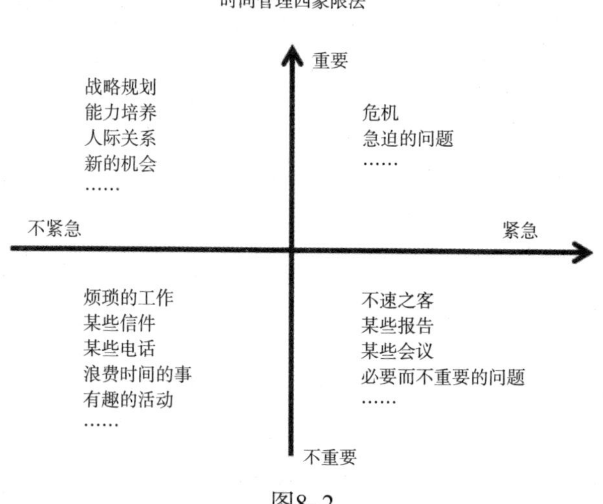

图8–2

第一象限中为紧急且重要的事，比如你明天要参加一个重要会议并发表演讲，今天就必须要把报告整理好，这是你最要紧的事情，你必须现在就去做。

第二象限中为紧急却不重要的事，比如你今天工作中需要应酬，虽然应酬不是特别重要的事，可以换别的人去，但现在你是这个项目的负责人，项目的成功与否需要你的参加。

第三象限中为不重要且不紧急的事，我们不可能永远保持着不是重要就是紧急的状态，舒缓我们的神经，把一部分时间用于调节生活，对提高工作效率也有辅助作用。

第四象限中为重要却不紧急的事，这也是我推崇大家多花时间的一个象限。我们可以通过学习技能和阅读书本来提升自我。这是我们漫长工作生涯中必不可少的一项。这让我想起蔡康永说过的一句话："15 岁觉得游泳难，放弃游泳，到 18 岁遇到一个你喜欢的人约你去游泳，你只好说'我不会耶'。18 岁觉得英文难，放弃英文，28 岁时出现一个很棒但要会英文的工作，你只好说'我不会耶'。人生前期越嫌麻烦，越懒得学，后来就越可能错过让你动心的人和事，错过新风景。"

第一次读到这句话的时候，只是觉得学习确实是重要的事，但从未给它划分是紧急的还是不紧急的。从长远来看，学习不是紧急到需要我们时时刻刻去做的事情，但却是我们领先于他人的重要手段。

精力是有限的资源，如果想做的事太多，目标范围很广，就很可能什么也做不好。不如集中 80% 的精力去做最重要的事，剩余 20% 的精力去探索其他想尝试的领域。

比如这个月既想健身，又想读书、刷题、追完新更的英美剧集，还想游戏上分……想一想你最想做的是什么，把它定为主要任务，把绝大部分精力都放在上面，保证完成度。其他被暂时性舍弃的，可以降低要求，或者作为下个月的首要任务。

如何在工作中巧妙地运用“二八法则”

以下六个具体工作方法可以提升工作效率。

（1）建立工作的整体框架。很多职场人士在接到上级任务之后干劲满满，但是效率却不高，主要原因是没有对工作形成完整的印象，一旦对工作形成完整的印象，就能分清楚哪个部分重要，哪个部分次要，就能提高工作的效率。

（2）利用 PDCA 管理循环推进工作。P 是 plan（计划），D 是 do（执行），C 是 check（检查），A 是 adjust（检验）。

（3）工作不要过于细致。俗话说，细节决定成败，但是工作不能太细致，如果工作过于纠结一个细节，可能整体就无法推进了，所以我们要从大体上去推进工作，而不是过于着重细节。

（4）从工作方法角度进行彻底改善。任何人在工作中都希望自己提高工作效率，但是很少人会意识到对工作方法本身做出改变，比如说文件夹的命名，可以用标明数字的方法来确定它们的优先级。

（5）远离网络事项，专注于某项工作。平常我们都在用很多网络通信工具，只有远离它们，我们才能不被打断，从一个任务转移到另一个任务往往需要花费好多时间，如果将这些时间省下来，就会极大提高我们工作的效率。

（6）提前制作工作概要单。工作概要单主要是提交给领导用的，它是向领导确认需求的一个重要方案，因为在沟通过程中，不同人对相同事物的理解存在偏差，通过工作概要单向领导确认，就能把握工作的整体情况，化被动为主动。

把节奏调快点，把速度提上来，把效率提高，问题就迎刃而解了。而“快”是讲究方法的，否则就成为欲速则不达的牺牲品了。

本节思考

1. 你是否花了太多时间在无效的事情上?
2. 你将如何利用“二八法则”来为你的工作提效?

法则35 高效会议

——80%的会议都是低效的

本节要和大家讨论的话题是管理者经常参与的、但是有时被诟病最多的工作内容——会议。会议是公司内部用来传递、沟通信息以及达成决策的工具。越是高层级的管理者，在会议上花的时间越多。哈佛商学院做了个统计，每周管理者要花 18 小时以上 (1/3 的时间) 在会议上，但是，众多的会议并未达到预期的目的，25%~50% 的会议时间被认为是在浪费时间。人们对开会怨声载道，认为开会是浪费时间。

能否开好会议，是高效管理者和普通管理者之间的区别。因为会议决定了你的执行效率。我们一起来看看如何才能开好一个会议。

产品部的小李在吃过午饭后接到了会议通知，这个通知提到下午

2点在二楼会议室开会。小李准时前来开会，看到许多同事都已经到了，包括市场、财务、开发部门的同事。于是小李就问大家这次会议开什么内容，大家面面相觑，说都是刚刚接到通知。不一会儿，业务部的负责人张总来了，说召集大家讨论一下这批产品上市后用户的反馈和应对，然后花了半小时介绍目前事情的背景和情况。

经过一下午的讨论，大家从各自的角度提出了很多观点。会议结束后，第二天小李继续着手进行原来的工作，前一天的会议内容很快就被她抛诸脑后了。这是一个非常常见的会议的情形。

我们一起来看看这场会议存在哪些问题，还有哪些地方需要改进和提升。第一个严重的误区和问题，也是多数会议都会有的通病：如果我们开个一小时的会议，从下午1点到2点。这个会议所用的时间资源，也就是所谓会议时长是一小时。但是这个会议所覆盖的时间周期可不止一小时。

如果想要一个会议有成效，我们必须关注会议前与会议后的这两个重要时间段：

1. 会议前

会前我们需要做什么？创办人想要创办一个好的会议，在时间条件允许的情况下，要提前24小时给参会人员发出会议通知，告诉与会者这次会议的：

（1）目的。

（2）时间、地点。

（3）需要阅读的材料和要准备的信息。

会议是一个特别耗费时间的活动。例如一个一小时的会议，如果有八个人来参加，那么这个会议不仅仅耗费了参会人员每人一小时的时间，还等同于耗费了公司八个小时的生产力。因此，对于一个团队和公司来说，开好一个会议的前提是会议的内容需要集体来交流以及做决策。

如果一个会议的目的仅仅是让参会人了解信息，像这种可以个人完成的任务就没必要放在会议上解决了，这是许多会议都会出现的问题。参会人往往在进入会议室之前对本次会议的内容一无所知，以至于一个会议需要占用大量的时间来跟参会人通报背景信息。

其实，通报背景信息这项工作可以在会议前做，就是把相关信息发给即将参会的人员，让他们利用各自的时间来了解这次会议的内容。只有在参会人充分准备的情况下，大家才能在会议现场有效地交流、做决策，最终达成一致的结果。只有这样，会议才会高效。

2. 会议后

会议开完，会议室门被关上的那一刹那，并不代表这个会议的结束，而只是进展了一半，因为会议上达成的决议还没有开始被大家执行。因此，每个会议后都要得出清晰的会议纪要，明确要达成的目标和要完成的具体任务，以及任务的执行者和完成时间。

这样的会议纪要要在会议后 24 小时内发给与会人员，并要求相应的与会人员在确定的时间点对会议所要求的事情给予进展的反馈。这样的会议才算是画了完整句号的会议。

对于一个会议来说，重要的不仅是会议的成功举办，还要求会议是高效的，并且一定要关注会议前与会议后所要做的事情。除了需要注意会前和会后，会议的举办现场也有一些重要的事项需要注意。

第一，每一个会议一定要有一个明确的发起者，或者叫作决策者。

在一个会议中，如果没有决策者和最终的负责人，这个会议就会变成一次漫无目的的空谈和讨论。会议的目的是做出一个决策，以及行动计划，即便这项决策可能不是最完美的，但这项决策需要有人来拍板。有时候一次两个部门之间的会议，如果没有一个更高层的角色来参与的话，很容易会以妥协来收场。

第二，在会的时间观念，包括参会一定要守时。

在会议过程中，对时间的把控要非常严格。在很多情况下，参会人员会觉得这个会议已经没有继续进行的意义了，但是没有人宣布会议结束，参会人员还得在会议中继续浪费时间。这就要求主持人把握好会议的议程。一般来说，一个会议的议程包括以下内容：

- 表明目的
- 介绍简要的背景
- 提供决策信息
- 表达观点
- 达成一致

在会议的讨论过程中，要确保每一位参会者都能发表自己的观点，如果你发现某些人在整场会议中不需要发表观点，或是从来都不发表观点，那么这样的人以后可能就不需要参与这样的会议了。

第三，杜绝会议中的小会议和子会议。

每个人讨论的观点都应该让所有人听到，要杜绝他们与身边的人交头接耳沟通的情况。有时候一个会议会引申出一些新的议题。这个时候，会议主持者要意识到这些问题可能需要用一次新的会议来解决，而不应该在这次会议中讨论。

第四，要严格控制会议的规模。

通常要求便于管理即可，一般与会者不要超过八个人，十个人是上限。在会议过程中，尽量保留用于放幻灯片以及用于做记录的电脑。如果一些人员带着电脑来参会，这将是一个非常低效的行为，因为经常需要把这些人员重新拉回讨论现场。另外微信也是会议效率的杀手，一边开会一边浏览手机将是非常低效的。对于参会人来说，要学会说不。如果觉得这个会议确实不用参与，参会人可以拒绝。成员对于会议的决策可以在会议现场提出不同的意见。但是一旦达成一致，哪怕你有保留意见，也要百分之百地执行。有些公司或团队采用站立式开会的方式，这也是一种不错的选择，至少这样的会议不会开得很长。

本节思考

1. 你是否有开会效率很低的体验？

2. 参考上述高效会议的要素，你所在的组织在会议前后在哪些环节可以提升？

法则36 探寻本质

——找到问题的根源

这一节要和大家分享的思维是团队管理篇中的“冰山视角”。在职场中，我们看到不同的公司和团队，为什么每家公司的做事方式、风格迥异？有些团队这样做事，有些团队那样做事，是什么在驱动着这些成员的行为？同样，对于 一个人来说也是如此，为什么同样一件事情，大家的理解完全不同，行事方式不同？是什么在左右职场中人的思维和行为方式呢？

这里就不得不提到“冰山理论”。冰山理论最早的提出者是心理学家弗洛伊德，后来被后人逐渐完善。冰山理论是指一个人的行为就像一座漂浮在水面上的巨大冰山，能被外界看到的行为表现或应对方式只是露在水面上很小的一部分，大约只有八分之一露出水面，另外的八分之七藏在水底。而暗涌在水面之下的更大的山体不为人所见，其中包括行为、应对方式、感受、观点、期待、渴望、自我七个层次。

冰山视角思维在提升团队管理方面具有很重要的意义，也就是说在管理的过程中，我们一定要学会看到冰山下面的东西。平时，经常有一些同学会提很多很多的问题，比如说，我们的员工积极性不高，我们招人很困难，我们的员工很懈怠、执行力差等。

这些问题都是团队管理中常见的问题，但是作为一名团队负责人，如果只是看到这些表象，其实意义是不大的。更有意义的价值在于要判断这个表象背后可能的原因是什么。就像到医院去看病，你跟医生说你身体很热，很不舒服。医生不会立马说你的症状我知道了，我给你开一个什么药。他一定要判断你这个是发烧感冒，是因为风寒还是因为风热，是因为病毒还是因为什么。等他判断准确了，他才会针对疾病的核心原因开药治疗，这才能解决你的问题。

所以当一个问题出来的时候，其实我们的信息还不够，我们还要探究它背后或者它底层的问题到底是什么。这时候我们再去用合适的方法，才会更有意义和价值。

我们来看一个例子，这是我们大家都会遇到的。

关于员工表现不好，仅从你这一句话来说，任何一个专业和职业的人士都没有办法给你支招。我们需要看到冰山下面的东西，我们需要深入探究，到底是什么原因导致你的员工表现不好。是工资不满意吗？如果是工资不满意，又可分成两种：一种是说“唉，我最近的工资我觉得有点少，我不满意”。另外一种不是嫌绝对值少，而是“我觉得本来绝对值还可以，但是我发现有一个同事，他表现没有我好，但他的工资跟我一样多，所以我觉得不平衡”。这就是背后可能的病灶，也是这个员工表现不积极的真正原因。

也可能是他能力有问题，这又分为两种情况：第一种是他的个人能力有问题，但是他又不积极主动地去学习，导致他做不好这件事情，所以表现不好。第二种是他能力还行，但是公司团队给他的目标很模糊，他也不知道该做什么事情，所以表现不好。

还有就是团队的文化有问题，整个团队大家都不积极，所以他也不积极。或者是他跟团队成员的协作有问题，导致他的表现不好。

还有可能是他个人的问题。比如他家庭有一些事情，或者他最近身体状况不好。

这一系列的原因需要你去判断，哪一个或者哪几个是导致他表现不好的核心原因，你再去把后边的这个问题解决了。这样这个问题才算找到了解决方案。否则你给出任何答案，可能都无法解决最终的症结。

我们理解了冰山理论，就可以用潜层思维对其加以应用，其价值在于这样几个方面：

从个体方面，我们理解一个人的行为表征，是由其潜在动机所驱动的，所以我们在管理团队成员时，就要更关注那些看不到的东西。比如你想要解决成员某方面不好的行为，你持续纠正他的行为也许是无意义的，你需要把握住其行为的那个真正的因，解决了这个因，行为这个果也就自然而然地解决了。

另外，了解潜层意识对激励成员也是有意义的。记得有一次我在一家互联网公司给他们做绩效辅导，有一个产品线的 VP 跟我说了这样一个例子：

有一名员工是产品经理、骨干员工，在过去的一年表现得非常好，老板在年终考核的时候，给他的评分也非常高，是 S 级员工，公司给他上调了 30% 的薪水，职级也调了一级。但是奇怪的是，第二年春天这个员工就离职了。这个 VP 觉得很奇怪，想不通。最后他与这个员工身边的员工聊起来，才发现其中深层的原因。原来这个员工是一个很有抱负的人，他一直想自己负责一条产品线，他之前也向 VP 申请过去负责一个产品线，但是当时 VP 觉得目前他在的这个产品线是公司的核心产品，不能少了他，而新的产品线只是在孵化阶段，所以就拒绝了他。这个 VP 没想到，这才是他离职的真正动机，是冰山下面的东西。没有这个，薪酬和职级对于他来说就缺乏价值了。

从集体方面来看，是什么让阿里、华为这些公司与众不同？除了它们的产品、业务战略、运营等，其实潜层因素是这个群体内在所蕴含的一种共有的思想、价值观、做事方式，是这个组织看不到的 DNA。正是这种潜在的东西，让这个组织越走越远。而且这种潜在的东西是这个组织的核心竞争力。每天都有很多公司去参观学习阿里，但是他们看到的只是表象。这个企业内在的 DNA 是无论如何也学不走的。正所谓：三流的企业靠产品，二流的企业靠战略，一流的企业靠文化。

第三个方面，在一个组织变革管理的时候，也要运用这种潜层思维。比如我在给企业做管理咨询的时候，一个重要的工作就是做内部成员访谈，要和公司内部不同层级的成员进行交流。这时候会出现很有意思的情形，有这样几类人，一类是心里想什么嘴上就说什么，这类最简单；另一类是心里有 A，嘴上却故意说 B 和 C；还有人心里想的是 A，因为表达不好，表达成 B 和 C。这种现象经常会发生。作为一个组织和体系内的人，当这个组织缺乏透明和开放的心态时，很可能你说错一句话就会给你带来不好的结果。这就是在现代职场中，制度和压力让人难以说出心底真正的感受的原因，因此常下意识地以心口不一的做法回应外在变动和人际关系。

因此，对于一个需要把握企业真实情况和信息，以此作为咨询方案依据的咨询顾问来说，必须了解被访谈者在组织中的位置，有哪些政治因素存在，以此才能辨识出冰山下的内容，听出话外之音，辨明哪句是真，哪句是假。这就是潜层思维的运用。

作为一名管理者，想要运用好潜层思维，须做好以下几点：

第一，判断公司或团队成员的行为，除了表露出来的特征，还要用潜层思维去考虑和判别深层次的动机所在，每个问题多问几个为什么，你就会看到不同的答案。

第二，在职场中，如果你是一个 leader，一定要关注团队成员潜在的东西，用潜层思维去塑造一种强大的团队文化 DNA，这样的 DNA 一旦形成，这个组织就是一个非常强大的自运转组织，你将需要很少的人为管理，就可以实现公司的发展。

另外还有一个关键的问题，就是我们在判断和解决问题以及学习使用方法的时候，经常会忽略情境。情境是指每一个组织，或者每一个公司，或者每一个个体，都有自己独特的特点。我们在使用每一种管理方式或方法的时候，一定要考虑它独特的特点是什么，然后再去使用这个方法或者工具。

很多时候我们去学别人，我们想模仿别人，我们去参考别人的东西。但很多时候可能我们只是为了学而学，不一定能达到我们想要的效果。

举个简单的例子，绩效管理是目前在全球范围内非常火的一种方式——OKR，其中有很多好的做法，但谷歌在使用OKR的过程中有一个自己的原则，就是OKR出来以后，考评结果跟这个员工的薪酬是没有关系的。不管你OKR的分数是多少，你的薪酬都不受影响。这是谷歌使用OKR的一个原则。

很多国内的公司觉得谷歌这个全球最伟大的几千亿市值的公司既然把OKR用得这么好，那我们就赶快把它拿过来用吧。可是用着用着就发现，好像我们这样使用以后，我们的员工基本上都不努力工作了。因为大家觉得反正工作做好和做差都跟工资没关系，我干吗还要这么努力？

这就是一个情境的原因。每一个公司都有自己的土壤，每一个工具使用得好坏，也要看自己的土壤。谷歌使用OKR有它自己的土壤，有它自己的行业特征，有它自己的文化和价值观。当你的公司跟它的环境和文化价值观都不一样的时候，你用相同的方法，可能就会适得其反。就好像一个年轻人和年老的人吃中药补身体一样。年老的人吃中药去补是有效果的，但是同样的方子对年轻人也许就不适合。管理也是这样。我们经常看到有很多公司冲到阿里巴巴公司说：我要学习阿里巴巴，我要学习阿里巴巴所有的做法，我要把它的做法拿过来用。但是我们好像没有看到跟阿里巴巴的管理模式完全一样的第二个公司。这就是背后的原因。任何一种管理方法拿来用的时候，一定要考虑自己公司的情况和特点，包括公司的领导风格和特点，公司的文化特点，以及员工的特点。

在学习和使用任何一种管理方式时，一定要考虑你的地基是不是一样的，你的土壤是不是一样的，这是非常重要的一点。

本节思考

1. 你是否掌握了从现象看本质的能力？
2. 你有没有遇到过使用某种管理方法，却忽略情境的情况？

团队执行力的提升是永恒的话题，我们这些原则也只是从众多实践中总结出来的，未来一定还会有更多、更好的方法。我们要做的就是，保持开放性，积极学习、接纳和尝试。这样一定可以打造出一支优秀的团队。

扫码免费获取本书配套思维导图